This Book Offers Free Bonus Puzzles

Available Here:

BestActivityBooks.com/WSBONUS20

GET YOUR BONUS
FREE
CODE: WSBONUS20

5 TIPS TO START!

1) HOW TO SOLVE

The Puzzles are in a Classic Format:

- Words are hidden without breaks (no spaces, dashes, ...)
- Orientation: Forward & Backward, Up & Down or in Diagonal (can be in both directions)
- Words can overlap or cross each other

2) LEVEL UP THE GAME!

A space is provided next to each word to write new ones, translations or notes. We also offer a convenient **NOTEBOOK** at the end of this edition. It can help you organize your annotations, new words and/or observations.

3) TAG YOUR WORDS

Have you tried using a tag system? For example, you could mark the words which have been difficult to find with a cross, the ones you loved with a star, new words with a triangle, rare words with a diamond and so on...

4) EASY TO CUT!

The Puzzles come with an Extra Large margin to easily cut the page out of the book. Some people may feel it more convenient to solve them this way.

5) FINISHED?

Go to the bonus section: **MONSTER CHALLENGE** to find a free game offered at the end of this edition!

Want **more fun** and activities to **relax? It's Fast and Simple!** An entire Game Book Collection **just one click away!**

Find your next challenge at:

BestActivityBooks.com/MyNextWordSearch

Ready, Set... Go!

Did you know there are around 7,000 different languages in the world? Words are precious.

We love languages and have been working hard to make the highest quality books for you. Our ingredients?

One part easy-to-read print, three parts entertainment, then we add some challenging words and a pinch of rare ones. We brew them with care to serve you lots of fun and an opportunity to solve the best puzzles.

Your feedback is essential. You can be an active participant in the success of this book by leaving us a review. Tell us what you liked most in this edition!

Here is a short link which will take you to your Amazon orders review page.

BestBooksActivity.com/Review50

Thanks for your fidelity and enjoy the Game!

Delta Classics Team

Puzzle 1

```
R U G I F L V H R X A T A D D
W E N V E N P P O F U C P N R
G U G Y Y G S L D E T T U K O
R R M J V T H I N B O A P B N
S O K K E I L D O E R V T E N
L C A Q M R L R C R I S K G I
G A L L Z T I J S T S T H E N
H M V A E B P N N S E A A I G
E E V E M S W G B R N T S E
F K L E R D N A V E E D M T N
C F Y D U E N C A O N X U R U
D N S U I S I T A T E T D E H
M Y H U C G H H E O U K P T G
M E N N E S K E L I G W D P P
```

MENNESKELIG	SITATET
BEGEISTRET	HAT
OPPNEVNE	AUTORISERE
INNSPILL	FIGUR
DRONNINGEN	LAVERE
DUMT	FEBER
HELDIG	AVSTAND
KUTT	CONDOR
ANDRE	DATA
REGJERINGEN	SOKK

Puzzle 2

```
S K J Æ R I N G S P U A A M S
L Ø K L A N D F P H N U P H L
U N D E R H O L D E D S D J E
B D H T C A E R E L E D L I T
D Q B J Ø N K L M V R R A F T
K M O S T R P I A A S Y M S E
C Y V R J O R C G N Ø K A L N
R E A G E R E R A L K K S S E
R B T B B K K C S I E E S T O
P U R R E L R A I G L T S Y Z
Q Z V E H O E F N E S U D U W
I A I H J U M P C B E Q P Q U
F I N T S J G D P I C M I T U
E K S P E R T D R E T S N O M
```

MONSTER
RYKKET
VANLIGE
SLETTENE
TILDELE
UNDERSØKELSE
PURRE
REAGERER
TØRR
EKSPERT

LEPPE
LAND
MERKE
MAGASIN
OST
LØK
STO
SKJÆRINGS
UNDERHOLDE
FINT

Puzzle 3

```
S  T  I  L  L  A  T  E  L  S  E  E  T  P  E
E  V  R  T  N  E  G  O  K  S  N  G  E  R  N
T  A  H  B  E  G  K  A  I  O  T  M  S  S  N
T  Z  A  Q  O  G  J  F  P  P  B  G  T  K  J
E  N  M  T  A  Y  Ø  A  Z  P  X  V  T  I  J
D  A  M  P  V  B  L  N  V  G  L  C  E  K  Z
M  A  N  D  A  G  V  Y  K  C  J  E  T  K  X
M  O  D  I  G  T  A  G  M  N  H  Y  V  E  N
D  R  U  E  R  P  N  D  U  P  D  J  E  L  X
O  Z  R  W  V  R  N  U  R  L  C  L  R  I  I
V  S  X  G  W  A  E  S  T  D  V  D  G  G  I
Q  Y  Z  F  U  E  T  N  N  J  T  E  V  A  G
F  N  G  M  I  X  S  D  E  H  B  O  T  L  P
U  G  H  W  Y  D  Å  T  S  T  O  M  X  G  S
```

MANDAG	BOK
SYNG	ENN
MOTSTÅ	BYGGE
SETTE	APPLE
TETT	SKIKKELIG
TEST	TILLATELSE
GAVE	DRUER
REGNSKOGEN	SENTRUM
KJØLVANNET	DAMP
GULVET	MODIG

Puzzle 4

```
V  S  K  L  Z  H  R  D  D  Å  T  T  E  S  F
D  K  P  I  T  Å  R  E  G  E  J  I  P  E  O
N  E  Z  N  K  R  I  S  E  N  R  U  B  L  R
I  E  Z  J  A  K  O  M  F  Y  R  M  W  G  T
Q  L  T  E  L  B  O  K  L  I  T  M  E  E  E
Y  T  W  N  E  D  V  L  V  G  K  N  B  D  L
W  B  W  V  A  O  A  E  A  A  E  H  Q  E  L
A  W  U  B  P  K  R  K  N  F  E  B  S  K  E
K  L  E  M  T  E  M  E  N  F  V  I  S  E  R
U  B  W  E  U  F  E  N  M  E  U  J  E  G  E
M  L  F  L  M  Z  R  T  E  L  W  O  N  J  N
I  Y  G  U  T  T  E  M  L  U  Q  U  Y  A  J
W  W  U  R  K  J  P  U  O  L  S  P  S  R  W
B  V  C  L  H  S  C  F  N  R  A  C  X  M  F
```

LINJEN	BLY
SELGE	BUR
TÅRE	KANTEN
VISE	GUTT
SYNES	FORTELLEREN
TILKOBLET	KLEMTE
GAFFEL	KRISEN
KOMFYR	ÅTTE
VANNMELON	DERMED
LEKEN	VARMERE

Puzzle 5

```
F  F  N  B  B  X  V  T  D  L  O  H  G  Y  H
Q  O  L  V  U  N  B  R  Å  K  L  I  V  M  U
S  Z  R  O  L  S  Z  E  R  W  P  E  P  A  S
M  C  U  E  M  L  T  K  R  O  B  M  Q  T  E
M  B  K  P  S  Z  G  A  D  R  Ø  L  H  R  T
G  L  E  D  E  P  C  N  L  G  V  I  S  E  S
E  T  W  V  Z  P  Ø  T  T  A  K  K  E  T  T
Ø  Q  W  Z  J  M  A  R  E  D  L  E  R  O  F
N  E  R  E  L  L  I  P  S  E  U  K  S  L  T
S  K  R  Å  N  I  N  G  O  E  A  L  D  E  R
M  I  L  D  F  L  U  E  N  R  L  X  H  D  F
O  M  R  Å  D  E  T  L  P  V  D  Y  E  N  J
P  U  B  L  I  S  E  R  I  N  G  E  L  I  J
S  P  Y  B  D  T  I  J  X  Q  T  B  N  V  L
```

FLOM	ILDFLUE
GLEDE	HEL
VISES	SKRÅNING
SKUESPILLEREN	TAKKET
TREKANT	HOLDT
PUBLISERING	OMRÅDET
HUSET	LØRDAG
ORDEN	SNØ
ALDER	FORESPØRSEL
VILKÅR	FORELDER

Puzzle 6

S	L	S	E	T	Y	N	L	H	J	T	M	D	V	R
E	Ø	L	P	I	P	X	I	G	H	I	Å	R	T	E
R	L	S	A	T	T	Z	X	T	O	E	N	A	E	K
S	B	R	T	L	D	J	S	I	D	N	E	W	L	K
T	L	E	B	E	T	T	Y	L	F	D	N	O	L	E
A	R	S	P	M	R	D	K	Z	D	E	X	C	E	V
T	E	P	B	M	N	R	B	N	D	R	R	P	J	I
N	Z	O	G	I	I	G	R	L	I	N	I	Y	F	D
I	O	N	K	H	L	E	D	E	L	S	E	V	W	D
N	O	S	K	G	A	N	S	A	T	T	E	I	E	E
G	V	H	U	L	R	O	M	H	E	V	F	E	Y	L
S	K	J	O	R	T	E	S	O	L	S	K	I	N	N
B	A	R	N	C	G	G	B	X	J	P	X	O	J	M
Z	W	U	Q	I	C	E	V	O	A	P	Q	H	M	T

BARN	HIMMEL
COWARD	BLØ
HULROM	FJELLET
LEDELSE	SKJORTE
TAPE	TIENDE
RESPONS	DRIVE
ANSATT	REKKEVIDDE
FLYTTE	MÅNEN
TRÅ	SØSTER
SOLSKINN	ERSTATNING

Puzzle 7

```
S N O J S A E R K E R O M J K
I A T A P B R R E L L I P S V
Y Q M S E T E N N U F M A S A
Y K W H O D Y G H E T R K S L
Z D Z Y A J Ø J U Z T D S N I
U C K O X N H U S N U L L O F
W T B C G Z D Q K F H P D W I
S R S Z W K U L E W Y Z H C S
Q E R E K A T L E D D S K A E
Z L C T E T Ø M P P O T I E R
N O E B G N A G L I T N W S T
Y S U O K D D S K J E M A Q K
K I T I W K V E Y B M Q Z X S
K O M B I N A S J O N T G L G
```

REKREASJONS	TAP
SKJEMA	UTSEENDE
ISOLERT	NULL
SPILLER	TOPPMØTET
TILGANG	KVALIFISERT
HUSKE	KOMBINASJON
BYE	SAMFUNNET
DELTAKER	SKAP
MOR	HØYERE
SAMHANDLE	FYSISK

Puzzle 8

```
S  I  R  K  U  L  Æ  R  E  G  V  V  G  W  A
R  X  V  N  J  F  I  J  E  R  B  A  G  J  U
B  A  N  E  T  M  E  L  G  I  E  U  L  Y  T
L  K  K  I  L  B  E  Y  Ø  S  K  W  V  P  O
A  U  A  E  V  A  L  E  N  T  I  N  E  Z  M
A  U  L  V  A  K  K  U  R  A  T  L  Y  S  A
U  R  E  R  Æ  T  E  R  K  E  S  J  F  I  T
C  A  L  O  K  Y  O  H  K  S  T  Y  R  E  I
M  F  E  T  K  R  A  R  U  D  J  G  Q  X  S
Z  E  V  O  G  E  O  B  R  L  M  U  S  E  K
R  T  N  M  T  U  O  P  V  B  A  K  K  E  N
O  S  L  G  J  A  R  C  P  U  J  E  O  A  Y
S  E  D  K  D  N  S  C  E  E  C  V  C  D  G
X  B  A  O  V  E  Y  P  D  P  N  L  U  N  M
```

AUTOMATISK	ELEV
SEKRETÆR	BESTEFAR
MOTORVEIEN	LYS
GLEMTE	MENGDE
STYRE	BAKKEN
VALP	VALENTINE
MUSE	ULV
KURV	ØYEBLIKK
AKKURAT	KROPPEN
GRIS	SIRKULÆRE

Puzzle 9

```
A D V H G K V M R G Y R Q V K
M R W C Å R E T T I S E B E O
A R R T C N E G N U D N A S C
R O M E W F D G E J N N J T P
K Y V S S I R T T E L I G L U
E L L O R T C J A H R V N I L
D E R E L B A T E K Ø S I G T
E Q Z D L E B S K F B R L E E
T J P S U B G K J F D O M V N
B R I N G E B Æ R O E F A I H
V G U D K A V I Y T N O S L B
A I C T L F R I T S T E N L T
F O R S K E R T H A U Z N E X
S P I S E L I G N C N P I O D
```

HÅNDTAK   BESITTER
FORSKER   GULL
VILLE   NEDBØR
INNSAMLING   PULTEN
VESTLIGE   LETT
MARKEDET   ANDUNGEN
ART   BRINGEBÆR
SPISELIG   ARRESTASJONEN
FORSVINNER   ETABLERE
ROLLE   STOFF

Puzzle 10

```
Z  S  E  R  T  E  R  T  F  Z  T  L  Q  O  D
H  T  T  E  H  L  L  I  T  S  E  Z  P  C  Å
X  Ø  H  O  R  K  N  M  S  E  Z  K  V  S  R
R  R  E  V  O  Z  X  E  S  J  U  Z  Z  E  L
N  K  P  F  R  A  M  R  E  D  D  I  R  L  I
O  E  D  D  A  P  L  I  K  S  E  P  U  S  G
N  K  D  P  M  Y  H  Q  D  N  K  T  T  K  G
E  E  C  O  L  S  Å  J  U  E  O  L  A  A  Y
I  J  S  I  L  T  R  N  Y  M  R  E  N  P  R
F  A  A  H  X  K  K  A  K  E  N  F  G  B  S
C  V  S  I  O  L  Ø  S  N  I  N  G  E  N  L
O  M  L  F  N  R  U  T  R  E  T  T  E  G  I
E  N  H  I  H  P  N  U  U  R  S  C  G  V  P
I  N  T  E  R  N  A  S  J  O  N  A  L  H  L
```

TIMER	EKORN
MENS	HÅR
NESHORN	RYGG
KAKE	UTRETTE
TØRKE	DÅRLIG
STILLHET	KLODEN
OVER	INTERNASJONAL
SKILPADDE	RIDDER
LØSNINGEN	ERTER
SELSKAP	SLIP

Puzzle 11

```
N U I G O L O I B H O L G Q P
O L J M D E S H G U R A A G K
E I I A M K O I Y L Q G N N Z
N K W Y A K E N D L V E N I I
J E N T E I R Z S E U R J R R
G O E O D T S Ø X D R E I E R
H A M B U R G E R V A R Z T I
W X G I C A T Q A M J G N S T
S D H R S P F O R V E N T E E
P H R A I Q K O Z L H X N V R
F O R K L A R E M M E L G N E
D V H K S R G M U P S T E I J
D J D E H G S V A N E L K N E
R E T N I N G S L I N J E R Z
```

ONSDAG	LUE
GLEMME	SVANE
RETNINGSLINJER	INVESTERING
JENTE	HAMBURGER
KARIBO	NOEN
FORVENTE	ØST
FORKLARE	SIDER
BIOLOGI	ULIK
PARTIKKEL	IRRITERE
LAGER	ENKLE

Puzzle 12

```
X O L M M M V F H S W Q C H I
Y R R K H K Å M O K O Y A Ø N
B W O Q R N R L V M D F W R N
G E R E K K E Æ E G O L A T S
R L S G I F T R N W T T V L A
B A H L R P K E F P S K T B T
G T G P U O K R Q K K Y W A S
W O Y J X T H I M M E L E N U
B O M U L L N K O N T R A S T
T O T A L T Z I Å J P Y Q E K
O F F I S E R G N I N T E R C
W G I A T W A S N G L L M K L
X O M P V N V Z E N N I V K G
N S J X Q B Q Q U W V D T I B
```

TEKST   OFFISER
TALE   KVINNE
LÆRER   ENNÅ
MOTTA   BOMULL
TOTALT   HOVEN
INNSATS   VÅR
BESLUTNING   SOFA
RETNING   HIMMELEN
KONTRAST   HØRT
GIFT   REKKE

Puzzle 13

```
K V F Y I S Å G F L A G G N R
O N H H G Q T E D L F H K E I
N A Z Z Q Y R R U W E G P S N
S X H F Z H Y Z A J R I J T G
E Ø T L Z Q D W N N E Q E E L
N J S S V U E Z K U D X T N Q
T S G V X N N Z K M R P A P B
R N T G R A D E R S U B L Å I
A N I R Z G G V K T V H F P U
T I D L I P I N N S V I N N J
E G C B L P Q M M H I A D E M
V T A M B Å P K J Ø L I G R H
M P D K S H O E K S I G A R T
N D A P R E S I D E N T B P W
```

INNSJØ
PRESIDENT
KJØLIG
STRIPPE
GRADERS
KONSENTRAT
DYRT
RING
STRAND
ÅPNER

GÅS
LEIE
NESTEN
HÅP
NED
PINNSVIN
FLAGG
TRAGISKE
FLATE
VURDERE

Puzzle 14

```
M F R E M T I D E N S T A Y S
O U F E B E S K Y L D E R Ø S
I U T E W L U Z T W E G N E H
G M X T P D L G R I G L I T C
G L T H E S Q U R F G M P U F
Z H H U B R Q R W W Y S I V T
D U M A Y P N X X H K T U L C
R P I U V V A N N O S E A G L
Q H U L A E B O B P K G N T O
J Y R G F D T N N P U T S J V
H N M D U U O T S E F Z E Q H
A Z J E R D L E R O F Z T Z Q
T O G P Q I I F A R G O T O F
V B F O Q W P R P E N C A S E
```

TILGI	DUM
STEG	PILOT
HENGE	MUTTER
VANN	HOPPE
PENCASE	TOG
MILL	UANSETT
BESKYLDER	SØR
FREMTIDEN	FOTOGRAFI
HAVET	SKUFF
SKYGGE	FORELDRE

Puzzle 15

```
B O S E T T E R E K R N C B B
B Q E A K R Q D L A B M T E F
B A H R L L E D H T E Y J V R
T W U J P M Æ N E E G A M A A
G G D B A F J R U G B S A R T
I O M Z N W F O R O D W F E A
S A D M T N S Z U R E D N U L
C K D T A L A S G I S O G Y D
S W R N E O K S N E C I G H S
B Q X I X R F P E N E A V Y K
P S D V V U I U K F N B M N J
V H W X N E L A S W D D C R Ø
F O R L A T E F K H V I L E R
A D M I N I S T R A S J O N T
```

MAGE
KATEGORIEN
KENGURU
GODTERI
ADMINISTRASJON
FORLATE
SKRIVE
SALAT
KLÆR
FOR

FRATA
BOSETTERE
HVILE
ANTA
LUNDE
VIN
SKJØRT
SKOEN
DESCEND
BEVARE

Puzzle 16

```
D T F G G I T K I V K X W X G
O L O S I N T E R E S S A N T
M O P P J A G E T E I X M K K
I X V R X G F G S P T Y Y O A
N S O D A Q Ø A K J K S K N N
E Q O P U Q R D K J R S N S I
R I G N A M A P Y C A H R T N
E E G Q W K N P Z G A C K A E
N X M O A B A O D V S F I N N
D M J M V Q N J H D E P N T N
E D E L A H A Q H G L R X G P
F I S K E H S Q D I N Æ T D R
F Q J G S I R K U L E R E S A
I E L A N G R E P S L T B X J
```

SIRKULERE
ANGREP
OPPDAGE
VIKTIG
ANANAS
KONSTANT
INTERESSANT
ANGIR
OPPJAGET
VERTS

TRÆR
FØR
KANINEN
MYK
HAMMER
DOMINERENDE
ARKTISK
FISKE
STERK
SOLO

Puzzle 17

```
U B A K I N C Y J H E Q W T M
A R A U E D L H L V Q K W R D
V O K F D D C N S G J K F G Q
H R D H Y I J Q G L X R H F M
E B V P B R T S E V A A E J Y
N R P D V E P I T O L M T R Ø
G I L D I T U R O J E L S N T
I S T G E E R I Q N K L I I E
G I L O R N R Y P K K I R E R
H H U N A A E C Y D A V B T Ø
E J C F J L T O B N S O L S J
T Q I J N P N U B B J E B R K
F J M B L Y I P O G E Q K C G
F O R T A L T E H Y P P I G E
```

VILLMARK	HOBBY
PLANETER	ROLIG
TIDLIG	AUDITION
VEST	SIR
INTERRUPT	STEIN
BROR	UAVHENGIGHET
COUPE	FORTALT
KJØRETØY	IRIS
HYPPIGE	SMAL
BRISTE	LEKKASJE

Puzzle 18

```
B L V S X O X N T B G S K S X
G G D U K A N E L U M K R P K
B R V N R G P F E R A Ø Ø Y L
Q E A T K A S A S S T Y L D O
L T O T L I E R A D E T L I V
I S B A U X I G E A R E E G F
A U L V G L L X W G I R T H I
H P T I R O E L U L A W I E X
L A A R P S N R U V L S N T G
I N K P A H L G E I E C L E A
A M B I S J O N A L T C Z U X
O F F I S I E L L E V E N T E
L U K K E R F A R L I G J Z Y
W F Q P R C Q A H F P N C N N
```

SUNT   VENTE
WEASEL PRIVAT
FARLIG   KANEL
AMBISJON SPYDIGHET
SKØYTER TAK
OFFISIELLE VIL
MATERIALET SEIL
PUSTER   LUKKER
KRØLLET GRAFEN
GRATULERE BURSDAG

Puzzle 19

```
I V N G R K X E H K B E Q S J
G I Q R R E S V E L A T V A U
M D T M P C W O N K W Q U J D
D E E A U F U B D V Z Z P G K
V R D G L A N S E A M O Y O B
V E L G L E E B L B R Ø D D T
M A E Y Y S V T S N P H M B I
O G R M R J J B E W A E E I D
U U A I B Ø C U N G X Z D T S
V R V N A A D R E S S E L H P
R B H J R B J G N K Y U E D L
N E R A T N E M M O K B M W A
O V Q O R T D L Y L P A S Y N
U T F O R S K E R H A C I J Y
```

GLANS
KOMMENTAREN
TIDSPLAN
UTFORSKE
KNOW
BRØD
HENDELSEN
MYGG
VARIABEL
EDLE

ADRESSE
LAT
AVTALE
VIDERE
MEDLEMS
SJØ
VAR
VEL
BRYLLUP
GODBIT

Puzzle 20

```
F M T I Z W N E F S B L X M U
F O W Y O S Y T D Ø Y H X P I
E P R K S Y F J K D T T A T P
R M V S K U Z L H V G T X D Q
I E U Z V T I T L E I S E P S
E T N N F A Z F A G D S E R T
Ø F N N C T R T F I N W S S E
Y A G R M V F E G L E V E T L
A R Å R A V N M S E L A L U E
K O M P L E K S W T E Z E M S
E P G M Q W A H H I E H F U K
E T T A B R U N F L F W A A E
V C E V P A D D E Å X G N U D
V B X S N A T T E P H S T O R
```

ELENDIG
TEMPO
FØTTER
TATT
BRUN
RAVN
VISSTE
VELGE
PÅLITELIG
UNNGÅ

NATT
ELEFANT
FAR
KOMPLEKS
DEKSELET
FORSVARE
SVAMP
SPESIELT
PADDE
FERIEØYA

Puzzle 21

```
R E V O T U R S Y N K E B K A
E S T O R M E O K O O W L P Q
F V A O E F S W S I I L I J P
L R M V D O T T I S N V K J N
E E O Z L R A X B A E O K Q Z
K T T J I H U V W M N F L L X
T T Y L F A R S P L A D O B H
E U A P P N A M Å L T I D R D
R N U G E D N E D E J K J J P
E I V Q R L T D G S E G M Z O
Y M X F E E U Y C I X Z M X G
S O P P N I L L U S T R E R E
H H S T E H G I L E K R I V H
G Z I X P G J Q Z A G I G T H
```

ILLUSTRERE PENERE
KJEDEN FLY
PROFESSOR TYPE
MINUTTER BLIKK
VIRKELIGHET TOMAT
UTOVER MÅLTID
REFLEKTERE RESTAURANT
KINO FORHANDLE
SYNKE SOPP
ILDER STORM

Puzzle 22

```
G Y F N O J S A V I T O M H S
H X N A M E L T N E G K N J O
I I F Å T T C K Y S N C Z G M
K B U R V M G E T L E K N E M
P R O D U K S J O N V T Q M E
E K H C P E R I F T R M T C R
K O L L I D E R E R E M A E E
S K E D A L O K O J S B F I N
N Z H G T O E Q J V E O J T E
H P E H I H L H P E R E N E S
C S R A R R P A S T I N A K K
K F C B F O A U T E N D Ø R S
T J H M V F R F T E K N I K K
S O L S I K K E F X B W B A M
```

ANSETTE
TEKNIKK
SJOKOLADE
UTENDØRS
KOLLIDERER
RESERVE
PRODUKSJON
GENTLEMAN
MOTIVASJON
ENKELTE

SOLSIKKE
HER
GIRAFF
MAI
FORHOLDE
PASTINAKK
FÅTT
SENERE
SOMMEREN
FIRE

Puzzle 23

```
S A V I S M E R K E L I G E Q
J M W K Y Q W C Y W D V N Q C
Q L A C G R V C O C K T A I L
C I U K K J A R M Z A K U S C
C F A I Q G N E O V D F R A O
S Q M X J J E P M C S F V Y B
X T E G L Ø B L K V K X W U F
A K D R K Y L A I S O S F B J
W U I K A T T N D O M M E R D
N W U V Z F S B J E P T T L K
X Q M G B L O K K N E B J X R
Z R G D M V P P D H E I S R Y
H Z P Y B I B F Y E R A G D S
I G J E N C J I J T D F W W S
```

COCKTAIL
IGJEN
VANE
KATT
MEDIUM
BØLGE
ROCK
KRYSS
ENG
PLAN

FRA
AVISMERKELIGE
SOSIAL
POST
DOMMER
BLOKK
FARE
ENHET
SMAK
FILM

Puzzle 24

```
B S O E E O F J I F T L F L R
A K O Z N H E B U S S I O A L
R V P F T T F L O K K M R S U
N Q O W E B G O I E K I B S R
E H P T N L Q P D H I E E O T
T S I R T R E S T G F N R L A
H F J L D E R E D D I E E Z P
P E O T S S R V V C S S D C H
Q A Z R X E G A T Y E I E W C
M W C A F Z J S R H P P V O R
V K D N J E S K Z G S X X E I
G E N S E R D K J Ø P T E C B
V O G N Z C K R C F N N W B Q
K Å L M H C M T E M F J A N M
```

ENTEN	GENSER
KJØPTE	LIM
SNART	KÅL
TRIST	BEVIS
VASK	LASSO
FLOKK	FORBEREDE
VOTTER	FORFEDRE
VOGN	HEKS
REDD	LURT
SPESIFIKK	BARNET

Puzzle 25

```
S B S H V O M Ø L L N V O W R
C J E T T Ø T S B L A N T O Y
R W E S K A R R I E R E R M N
T S I K K S L A K I S U M T K
X T Z E K Y O M V E N D T A E
R C Z N O Z T U H B C C W L C
E A E J I D S T E S X I Q E W
K P K H R S T N E T K A J U B
Ø S Z E T C A P M O C B U S L
S B W P T A S Q S R E S V T U
F T L U G T J P S H K O E F S
M A L E P P O K R E D D E V E
Q N G J G X N O J S U K S I D
H Z T I L F E L D I G P B B F
```

MALE
BESKYTTE
STASJON
RYNKE
TILFELDIG
MØLL
SJEKK
RAKETT
JAKTEN
KARRIERE

SUBCOMPACT
DISKUSJON
BLANT
STØTTE
EDDERKOPP
BLUSE
MUSIKALSK
OMTALE
OMVENDT
SØKER

Puzzle 26

```
T Q T W I N T L E T D E T P T
I A V H E T S I M Å L E T I U
B R I L L E R J R N R G J K L
N D Z A V D K E B S A U C U I
V I G T C R R Q O D D Q V R P
R B X A Z E T S A K W A U C A
K J H W Z J B A K I N G G S N
G M T P Y G M D L D K R N V A
U R O R D L I S T E N P I A N
O F E G N E R T S N A R L R S
W D D N E M M O K L E V M T A
S O V H S C U L H E R K A V T
H Y J T M E Y H G J V B S S T
C Z F R H A N K A P I T A L E
```

SAMLING   MISTE
VEKT   BRILLER
GJERDE   VAKRE
BIDRA   ORDLISTE
ANSATTE   VELKOMMEN
GRENSEN   SVART
TELT   KASTE
TIRSDAG   MÅLET
ANSTRENGE   BAKING
KAPITAL   TULIPAN

Puzzle 27

```
V F X H Q Q L L P Z J T D S O
E F G E N E R Ø S I T E T I N
R N A M O L Y C R V W V S K K
B B I K R O S A U J O I M R W
D R M V T D R E K I N A K E M
I U W R Å O P V P R E S S E T
N K B T O L R Æ P S A A M E C
G X C F G I L R E D E H O D V
L F A Q I B V E N V G M D N Y
E B D O Y L C T K I L F N O K
S I S T H A K K E S Ø D E C V
L A T T E R L I G Z F A I Y T
X C R S U H D L R Q L N E N Q
U N X B Y R Q X L F R U K B B
```

GENERØSITET   DINGLE
VÆRET   KURS
VERB   ROSA
FAKTOR   KONFLIKT
HEDERLIG   EIENDOM
LATTERLIG   NIVÅ
KIWI   MEKANIKER
PRESSET   FØLGE
HAKKE   SIST
BRUK   SIKRE

Puzzle 28

```
R E T T I S U B S T A N T I V
K M Y L W O V C H C F X S E M
S A M I L K E D X O B S C Y P
O A M N T P S S A L P S L N L
R R O E R I P M A V O N A F A
T G L G L G R E S S H O P P E
I U L N R Y Z T G N D F Z E Z
M M E I O X Y C A A G F S L J
E E M N P V F L L O R T N O K
N N N G O I F S S H E D V K P
T T W Y O R U X P M T E P V G
E E D B H A L L P B R X N P C
U R P E R Q F E O H A S D E O
K E K F R Y S E R E R G I M M
```

FRYSE
BYGNINGEN
FLUFFY
OPPDRAG
SORTIMENT
ARTER
MELLOM
KLIMA
HVA
KAMEL

GRESSHOPPE
SITTER
KONTROLL
OPPSLAGS
HALL
ARGUMENTERE
MIGRERE
PLASS
VAMPIRE
SUBSTANTIV

Puzzle 29

```
Q B U E O N B H H Y N L S G O
Y B I M X X V J U F T H B T P
B K S L E G N E N Q C E G U E
V S G A L S C D H H F U U A R
R W Z N T I Y F F J E R N E E
M O D S I V G W J Y E A C U R
G B O P L R E P Z Y O B J S E
I A M A L K D M W Y C R D S P
K L K L I Q D N Q T G D C I U
K L O L T E M P E R A T U R N
S O M O T E K N O L O G I I T
J N M K P E R S O N L I G V X
S G E S X C M P F C S U P P E
F S Y M K H D Y K K I N G E T
```

FJERNE   TEMPERATUR
SLAGS   BALLONG
TILLIT   OPERERE
GIKK   ENDRING
OMKOMME   TEKNOLOGI
SUPPE   ENGELSK
BAR   BILLIG
DIN   DYKKING
VISDOM   KOLLAPS
HUN   PERSONLIG

Puzzle 30

```
L E D T N K F C H G G R N Y K
S U E P S F A T I A X N A E O
S Å K I K S R T N X E E T O N
T J P T B R E N N I N G U G S
A U X E A O L G E F B N R R T
R L J O E M L Å V N H E L E R
T G A N G B E R O U E R I N U
S W E N Q W H E R M P T G S E
S M S T I G E E D S X R N E R
P G C Z G I L D Q B O O Y O E
E L J Q W D T F D B S F R O F
I I A J Q D S N P S Y W Q E C
L U J K I Y S E L T D X S E Z
Z L G L K R M A J Y B Q P T P
```

SPEIL
VENN
KONSTRUERE
MORS
FORTRENGE
RYDDIG
GANG
NATURLIG
GRENSE
DEL

FIX
GÅR
ORD
SÅPE
HELLER
BRENNING
START
FONTENEN
LUKT
STIGE

Puzzle 31

```
O B V F I F L E K S I B E L T
V E S G N I N K R I V N N I F
E F I J T D L A K M G V E E L
R O K E R E R T S I N I M D A
A L T J O U Z X P B N K P L J
L K V T D K O K E R L H M I N
T N T V U F A T T I G D O M I
J I G Z S K P F O R N Ø Y D L
S N J I E G R O B O H E G O T
S G E F R S L I N M C S S Q O
G E N I E Q F Ø T N D R K B T
Q N T S D B U Q D I I B J W J
U Y A K T U M V R E K A I U S
B O R G E R D T B T R K Y N F
```

BEFOLKNINGEN
FATTIGDOM
INTRODUSERE
ADMINISTRERE
LINJAL
GLØDE
MILDE
FORNØYD
INNVIRKNING
PONNI

KALDT
OVERALT
FLEKSIBELT
MEN
GJENTA
BORGER
KRITIKK
SIKT
KOKER
FISK

Puzzle 32

```
D  I  N  V  I  T  A  S  J  O  N  I  H  J  P
G  I  T  K  I  S  R  O  F  U  C  H  T  O  L
N  E  V  E  L  R  E  V  O  R  H  O  U  J  E
I  D  G  I  L  E  G  N  E  J  G  L  I  T  N
D  R  A  H  S  K  N  N  R  R  R  J  B  T  L
N  N  E  F  D  J  R  E  K  S  A  M  F  F  E
A  J  M  U  M  S  O  G  W  K  O  V  P  O  M
L  E  M  D  F  X  I  N  Z  H  Y  E  S  R  O
B  C  X  Z  R  F  N  I  V  K  Y  J  S  L  N
T  Y  E  L  V  A  E  D  O  S  F  U  E  E  A
S  C  F  X  Y  H  S  L  L  U  E  O  S  G  D
J  I  V  N  H  I  T  E  E  S  B  D  P  E  E
K  H  N  F  M  Z  Y  M  N  K  U  Z  Y  N  S
A  N  T  I  K  K  S  M  Å  I  V  Z  D  R  B
```

UFORSIKTIG	ELVA
SVAR	MEL
DIVISJON	BLANDING
ANTIKK	SIN
INVITASJON	SMÅ
TILGJENGELIG	HARD
LEMONADE	VOLE
OVERLEVE	MASKE
FORLEGEN	MELDINGEN
PLEN	SENIOR

Puzzle 33

```
S  Y  G  W  A  U  I  X  F  J  P  N  U  V  Y
B  N  J  L  E  S  R  Ø  P  S  R  E  T  T  E
G  N  A  O  P  P  T  A  T  T  U  A  D  B  K
N  H  B  K  U  N  N  T  A  K  Z  X  A  Æ  Z
I  U  S  F  K  M  O  R  S  O  M  T  N  R  O
R  M  L  J  X  E  R  E  F  O  R  M  N  E  T
D  E  P  L  G  T  L  S  E  E  O  I  I  F  E
R  H  D  M  V  P  V  A  T  O  I  D  N  A  N
O  Z  J  U  B  O  F  F  Y  X  L  A  G  L  K
F  S  Y  U  S  R  U  T  V  I  D  E  I  L  N
T  X  F  C  L  E  L  L  I  S  R  E  P  C  I
U  J  S  Y  F  P  R  F  O  R  U  T  E  N  N
G  M  V  X  J  P  L  E  V  R  U  K  C  V  G
M  I  N  D  R  E  T  A  L  L  F  E  D  K  M
```

REFORM	ROPTE
UNNTAK	KURVE
UTVIDE	SNAKKE
FORUTEN	UTDANNING
OPPTATT	FALL
UTFORDRING	FASE
REDUSERE	MORSOMT
ETTERSPØRSEL	HJUL
PERSILLE	MINDRETALL
TENKNING	BÆRE

Puzzle 34

```
B G V A R I G H E T C R Y W I
G N B Z Z I B I Q V X X X U C
A J Y L L D E I Q K E G Z M P
N K A S N N Ø R G C F G S K E
G Q A N E M M A D R O J I Y B
E L B H T D R A G O N F L Y L
N A Z A S I M C I A E N K D A
U N R N E U N Q T G Y I V A R
M D L S L F M L S L U R E O E
E S N V D S E B Y A A J J W N
W B K A E Q C S L D Y I B S A
C Y L R E G I T A T I B A H B
W O K C A S N Ø K L O K K E R
S E L G E R T E L E S K O P Z
```

DAMMEN	ARK
SNØKLOKKER	HABITAT
VARIGHET	ANSVAR
EDLESTE	LANDSBY
GRØNNSAK	SUM
GANGEN	LURE
LYSTIG	JORD
ARENA	TELESKOP
REIR	SELGER
DRAGONFLY	TIGER

Puzzle 35

```
F  P  C  W  B  R  W  M  R  T  S  K  X  H  Y
S  O  C  B  F  A  P  E  L  K  N  E  R  O  F
M  I  R  V  A  R  M  E  R  S  A  K  X  X  S
W  O  E  S  N  A  C  N  H  A  H  M  B  O  T
S  X  T  I  Ø  E  D  N  E  R  Æ  V  Å  N  O
E  V  S  O  U  K  I  K  K  E  N  E  C  S  L
E  H  M  W  R  R  E  T  F  Ø  L  R  I  W  Y
Y  N  A  T  L  S  A  S  K  P  A  S  S  Y  E
U  M  H  J  M  O  Y  G  K  I  K  T  E  R  T
N  E  S  I  R  P  K  K  Q  U  S  E  X  D  J
E  R  V  U  G  G  E  X  K  D  V  T  Y  V  D
D  A  N  S  E  A  F  O  R  E  B  E  U  Z  O
D  A  T  A  M  A  S  K  I  N  L  O  G  U  M
W  T  S  O  V  I  F  Y  W  L  B  N  Y  U  P
```

HAMSTER	DATAMASKIN
STOL	PRISEN
SCENE	APE
MOTORSYKKEL	ERT
FORSØKE	VUGGE
LØFTE	VARME
UTSIKT	MER
IKKE	SKAL
NÅVÆRENDE	DANSE
VERSTE	FORENKLE

Puzzle 36

```
P Q M Y O U N D E R S Ø K E L
M A M M A F E T S Y V D D Z Y
O B A U A O T L R G K K D W K
B D E Z R R T I L V K G L E K
K A N L M F E F R E O B E B E
S J N N O A J O E R H S L A L
W Z Ø E J L S M G B J P E R I
U C L L N L S E N Q G Ø K R G
L K P D E E A P I E G R T A L
Y R Q Z B S G R F D Z S R N Q
F O N D E T K N B I M M I G G
L U G B X T B A A S U Å S E A
A R T I S T E U P A O L K R J
S M E R T E L I G V H M C E P
```

KJØLESKAP
HELLE
SPØRSMÅL
FINGER
FORFALLE
BREV
LYKKELIG
ELEKTRISK
ARRANGERE
ARTIST

SJETTE
SMERTELIG
FONDET
SAG
SYV
BEBOER
BANEN
MAMMA
UNDERSØKE
FILT

Puzzle 37

```
S  I  W  P  Ø  M  O  C  K  L  T  V  K  S  R
E  E  G  I  L  N  Y  S  T  S  G  K  O  E  K
E  W  R  Z  V  I  S  U  F  P  N  E  N  B  I
C  H  E  Z  G  D  J  K  T  V  I  I  K  R  I
P  S  T  A  E  A  E  W  E  I  R  K  L  A  C
Y  R  K  K  F  J  D  Z  N  T  Ø  S  U  F  Y
P  O  A  O  Å  T  V  Z  K  K  F  U  S  S  V
P  M  R  A  L  I  Y  V  Å  A  R  B  J  E  Æ
O  A  A  W  B  E  B  T  V  P  E  M  O  R  R
L  A  K  P  I  K  M  J  P  P  V  I  N  I  E
A  G  G  R  E  S  S  I  V  E  O  N  R  Ø  F
G  O  T  S  Y  K  E  H  U  S  T  D  W  S  X
P  V  L  F  C  D  O  L  D  O  I  R  Z  R  I
Z  I  U  R  N  Y  U  X  Z  R  Q  E  P  J  C
```

VÆRE	KONKLUSJON
AMORS	SYKEHUS
MOCK	KARAKTER
OVERFØRING	SØT
AKTIV	MINDRE
SYNLIGE	SERIØS
GALOPP	PIZZA
ØNSKET	SKOLE
BLÅ	SEBRA
AGGRESSIVE	VÅKNET

Puzzle 38

```
H L O R R Y M R L Ø P K P R A
X A Z A T V E E R C L R O V V
T M R C Q J N T K A J Å L J H
S B Q E P S I T K C K K I K A
T S G N A F N S K N P E T K N
J B H I G N G M O L E B I G D
E C E C U M S Ø Z J K T E R L
R R C L F X L T D R S O T A I
N D N L T O Ø E N Z A C B I N
E H M O L E S T J N K I W S G
N F R I V I L L I G T X H E I
E R E S I F I D O M K V O H O
Å R S A K E N S T O R F E P R
G A A E M O S J O N E L L E E
```

KRÅKE
RAISE
LORRY
RETTSMØTET
AVHANDLING
FRIVILLIG
STJERNENE
EMOSJONELLE
FANGST
BELTE

POLITIET
MENINGSLØS
MODIFISERE
ÅRSAKEN
JAKT
LØP
EKSAKT
HARE
TENKTE
STORFE

Puzzle 39

```
M H X C E N F B V Y F K I R I
N I R V V L E A B R O V X P Y
S E S P Ø A F R L I R D L Z F
P T G S L M O E O R E K K U S
I K K A L I A F M B T S P F K
N A Z Q T T K F S L R L Y J B
A R J Z O I I A T O E B T E F
T B T A K F V K E M K M T L H
B E G Y N N E E R S K Z U L A
S T Ø R R E L S E T E Q O E L
Z J G I L L E J K S R O F N L
E N G A S J E M E N T J A E O
U T V I K L I N G X I I Y F U
F O R S I K T I G E R F E E M
```

BARE	SUKKER
MISS	ELF
SPINAT	FORSKJELLIG
NEGATIVE	FJELLENE
FORETREKKER	FORSIKTIGE
ENGASJEMENT	STØRRELSE
HALLO	BRAKTE
UTVIKLING	BEGYNNE
BLOMST	LØVE
KAFFE	BLOMSTER

Puzzle 40

```
U T F G X D F A B Z J P C F V
P O A T C L J O Q Y M R A U U
S N P R L F S B L W E O D L R
K P N O S I B C D D R S R L D
X N E I R O T S I H K E T S E
S W T S K X C W A Z H S E T R
E L Å O I R A N E C S S K E I
S F B L D E T E L L E C A N N
O O I A D B L T S F V B N D G
N T B G E G U L J H E O N I S
G E U T R R L Y F V Y Z E G L
R N D B R Ø T E T I R O T U A
V Z O J Q F E I L A K T I G R
P I M I K M Z V B C I W J N P
```

FOLD	PROSESS
AUTORITET	LAGT
SESONG	FEILAKTIG
TELL	FOTEN
TEKANNE	SCENARIO
BRØT	FULLSTENDIG
KREM	VURDERINGS
BISON	ROM
REDDIK	SPESIELL
HISTORIEN	BÅTEN

Puzzle 41

```
S N G L A B T X O D C B N N N
X M T I E V P R F L A S K E E
T R E E T S T K G M N R S S K
U O A H U K E A Q J A A O L T
K H R F P A I R L O G V V E A
O B T M C L W S I E J S E V R
N Y I Q T L S F R M N R R I U
E P K P I E T S E O P O O G M
D M K O L H Q M K T F F M T O
N J E N T N H D I V A R G U A
N W L A P L A K P G T T M U H
Y D A G Z F A A S H P P D K U
T I L S T Å E L S E N A U G W
U O D Z E X U S P S I R F F K
```

FORSIKTIG   HEI
SPIKER   LESER
KONE   FORSVARS
UTGIVELSEN   ORM
AVTALEN   FLASKE
NEKTAR   TOM
DAG   TRE
SOVEROM   ARTIKKEL
KALLE   GRAVID
TYNN   TILSTÅELSE

Puzzle 42

```
F L S N D Z U R N S S J X S H
O G I L N N E V Y P I D W N A
R X K A F E R F S Q J G B E L
V L K D R X Ø R G P M U N G V
E E E S T M H Y J E K M Z A T
N N R M R I P K E V Ø R P D L
T G H Z O E P T R B V K N S H
E E E L P D O E R B Y J F R H
T V T I S H N R I G U E Z Å I
W L K K K X K E G X W O N G N
X Ø A Q E F B F S K A T T N Z
L S R F U K T I G H E T P J N
X V P K T D B A H J E L P E U
L Q U F N Y M V N O P W M K R
```

OPPHØRE	LIK
NYSGJERRIG	SIGNAL
SIKKERHET	SKATT
FRYKTER	LØS
BYEN	HALV
LENGE	FUKTIGHET
EKSPORT	PRØVE
FORVENTET	GÅRSDAGENS
PRAKT	MODNE
VENNLIG	HJELPE

Puzzle 43

```
A M S U P A P Q Z V S G B Z Q
X E E N A B R A P F B J H M X
A P N V S S O K S X G E V W S
F M T V I O B P Q G D N A T S
D Ø F F E L L G E S G B F I T
C R R Z N U E I K R C R Ø N D
P T F T T M Q H V Z U L N X
C S L O I T E N B Z I K E E B
E Q A P R D T U A Z B B L H S
J P O V U M R J D S C A S O Y
B Y B G X S Å I P O J R E L K
A T X M E E V L E X D O N D D
S O L N E D G A N G C D N E O
B K F Q M A N U E L L R B U M
```

SOLNEDGANG
PASIENT
BANE
VÅRT
MANUELL
PROBLEMET
NASJON
STRØMPE
SYKDOM
ABSOLUTT

FØLELSEN
PAR
FORMÅL
SKO
INNEHOLDE
STAND
SEGL
SENT
FØRTI
GJENBRUKBAR

Puzzle 44

```
J Z N J C Y X M P B R K C L V
P E R F E K T A V T I N U A D
S S D U M V O N W K K K P S I
F R E J K S A N S P E O C T S
M A C H I P S K R D L R A E T
X K S O R F I U T E I R K B R
U F S O P Z E N B E G E E I I
Q A C U A M I S G I L K T L B
E V P J S H A A Y E N T D Q U
M O Z U S G I L U M F E X Q E
K R A R E Y B C E K H Æ R H R
V I O M R C B Z D R W O R R E
O T N A V I G E R E I Z C J C
Z T B J E L L E H Ø S T E N H
```

MANN
DISTRIBUERE
SKJERF
PERFEKT
LASTEBIL
INGEFÆR
HØSTEN
PASSER
MALERI
BJELLE

KARSE
KORREKTE
MULIG
FROSK
RIKELIG
NAVIGERE
VAKTEL
CUPCAKE
CHIPS
FAVORITT

Puzzle 45

```
P B M C I O T C U H F I F O G
I U F E L G U Z W G C E M S J
Y X Q R E P A K S L U H L E E
C C V E N N E R N P S D L Y L
E Y X T I S X X P Q W L T V D
T L W S B E R Æ L U P O P V E
S F R U K T V A S U L P F E R
K A U J C D L Y V I I M L L O
O E N N I F P P O K V B E G M
V F C D R A T C B O L Y R E E
I E F H T E H N N A S A E R T
A L T E R N A T I V O D R H S
A U E R Y V P C K H B A X E E
A H A Z Q O K B N K U K A T B
```

VENNER   AVKLARE
VELGER   POPULÆRE
TRICK   BESTEMOR
HULE   VOKSTE
ALTERNATIV   SIT
OPPFINNE   UGLE
SKAPER   SAND
VEIE   JUSTERE
SANNHET   FRUKT
GJELDER   FLERE

Puzzle 46

```
Y Y H O T K N E T F B F F I
S W T E M I L J Ø K Y U R O N
V B V S H S M E J K E N E R K
F X X F H T R S S A K N S V L
A A Z K Å U V M P R L E I I U
R G M D N R D Ø O T Ø T A R D
U L U I D O X R S Z P F Z R E
C U N R L F I B I N I C P E R
P D S I K I J R S P S Q C P T
D P M H W G E Ø J B T N Z U O
F G E Q A E K D O V O H E B E
K O N T O R E T N E L L O B W
T F R V W J U P O S R A F V P
G N I S T E N Z N H D B S X O
```

FUNNET   HOT
POSISJON   GNISTEN
BOLLE   HÅND
FORUTSI   FAMILIE
TENKT   PISTOL
KONTORET   OPPFØRSEL
FORVIRRE   SMØRBRØD
MILJØ   FRESIA
BEHOV   TRAKK
AGURK   INKLUDERT

Puzzle 47

```
X R L P A K I M P L B Y O O Z
P A P E G Ø Y E T F O S K N K
G I I G G Y R T V C E T O K N
L N N I J N J X V X I E M E I
A D T T X E K K I R D M I L V
S E E K T K N G F W B P T N K
S K N A U S O N I O Q E E R J
D S N E F R K I O M R L E R P
S E A K F E H V U M I B N I V
L N D L L F C S X P F T Y D P
T E T I V I T K A R Z Ø E B T
D S U S G O G R E S S H R R Z
F M Y S T E R I U M R M I T E
X Q E Q R M Y Q S O D A C H L
```

GLASS
OFTE
IMITERE
INDEKSEN
MYSTERIUM
TRYGG
KNIV
KOMITEEN
FORBY
AKTIVITET

FERSKEN
UTDANNET
STEMPEL
SVING
GRESS
ONKEL
DRIKKE
SILKEAKTIG
PAPEGØYE
GJENNOMFØRT

Puzzle 48

```
F I N N E G N A M C D D M S K
N Q H U D X E B A T U B E Q O
E S C S J E Z L G R O S T S R
K L A S S E M Z O O V X S K T
P O R T R E T T P F Z V I I V
G N Ø Y A K T I G H E T R P E
F Z R E E Y V T J F W I A K R
M A T D O G B J K R J E G J S
D O S Z M F F E V O L P I O J
N E R A S L E D E R S P D L O
S V B A N Y C I M A U A R E N
G Z Z U L P X O Q H Ø N E N P
E E O M Z S L I G G E K F I A
T M I P N I K P R M D N Y D H
```

FORT	MANGE
MORALSK	FINNE
SLEDE	KNAPPE
NØYAKTIGHET	PORTRETT
LIGGE	KJOLEN
FASAN	SKIP
FERDIG	KORTVERSJON
GODTA	KLASSE
TUBE	RISTE
DEM	HØNE

Puzzle 49

```
P  S  Z  N  F  W  J  Z  U  V  Q  D  F  V  W
A  F  E  U  X  O  B  W  R  A  J  V  Z  A  R
R  E  E  N  V  J  R  E  V  A  L  U  E  R  E
K  S  X  Y  D  W  V  H  K  K  I  F  I  H  R
E  T  A  H  Y  T  H  K  O  W  I  A  D  E  E
N  E  B  E  S  T  E  M  T  L  V  L  U  L  R
N  R  I  Z  A  U  A  S  F  O  D  T  T  S  E
E  N  E  R  G  I  R  A  I  B  A  E  S  E  F
S  X  N  K  U  N  N  E  R  B  W  N  E  Y  E
L  R  S  K  V  J  Y  J  D  B  Z  G  B  V  R
E  D  R  A  M  A  T  I  S  K  Y  E  V  D  H
L  N  L  X  P  F  I  J  A  I  H  Y  P  Y  D
Ø  X  V  W  C  S  W  J  F  W  O  N  E  J  L
F  M  I  X  F  P  F  Y  T  J  B  D  N  G  Y
```

BESTEMT   RUSH
HELSE   KUNNE
FORHOLD   PEN
SENDT   EVALUERE
FØLELSE   DRAMATISK
FESTER   SAU
STUDIE   EGNET
ENERGI   FALT
REFERERER   PARKEN
DRIFT   FIKK

Puzzle 50

```
L P D K F Y K U T F Ø R E S F
T R O S R E R Ø F P P O Q P D
C A B I I Ø I K I R K E N I D
E K B V H K M P P Y S B E S X
T Q E Q E U I L I T E N D E L
S W L Z T R N N A M N N A R B
R D T W T E A O L P G H E B C
Ø V N Z E P L L A B Ø N S R J
B B Q U L P I Q H F M Z B I O
D T M P O E T U T P O H R N H
E O Y O I P E G T D T F L G X
V O D N F F T M U Z O N I E A
O N H G R A D V I S R O I K U
H U T S E T T E C X C K M H U
```

POUNDS	LITEN
OPPFØRER	BRINGE
SPISE	UTFØRE
KIRKEN	FIOLETT
MØRK	UTSETTE
MOTOR	FRIHET
DOBBELT	NOK
KRIMINALITET	HOVEDBØRSTE
PEPPER	BRANNMANN
GRADVIS	SNØBALL

Puzzle 51

```
T R O R T X S T E N N I S F Y
I E G N I L K Y S I D B B O K
N T R L F R I N V B T Y T R I
G N J A O O N J K E U R D K L
U U E D B H N N U B G X Y O D
F M C D U B E D A P S G I R E
V E O S K P N M U S K A T T G
H X R X W D D R N U M E I E P
Y N Y S Y A E G E T M C N L T
Z P X D K N A F A J W Y U S N
L O J A L E S T E D E X G E D
H I S T O R I E K S P I L L E
S A N N S Y N L I G U K I Q P
P A N R A S E N D E S O C B T
```

SYKLING   FERSKE
HISTORIE   RASENDE
MUSKAT   PAN
KILDE   JERN
VEGG   FORKORTELSE
DRUE   SANNSYNLIG
SPILLE   TENNIS
BUNN   SKINNENDE
TROR   STEDE
MUNTER   LOJAL

Puzzle 52

```
G B E K E P U M D M C I I J G
N A Q Å U E T N A L L G D T R
X R W L I N V O L V E R T R A
J Æ T R K J R P B S B Y L E V
G M D O D J M K H O A M M D I
N I E T I I Ø X S H T A V J T
A R T M S J P R P L R R V E A
G P T T T L M E E A O K P Y S
D E U T U B H T S R F Ø Q Ø J
E S L D R E I S S E M R V V O
N K S U B X K N E D O X E X N
L E D N I N G Ø R Ø K D S B M
G B F P U T I M P F H N I W C
N E T T S T E D E T K Y K V V
```

KJØRER   DISTURB
MØNSTER   GRAVITASJON
NEDGANG   FØDERAL
MARKØR   KÅLROT
PRESSE   MYE
BLAD   ØYE
KOMFORTABEL   NETTSTEDET
LEDNING   INVOLVERT
PRIMÆR   TREDJE
GITT   SLUTTE

Puzzle 53

```
N A O O Z G N V A Z O N I S N
E E D R E J F A H V A C X H Y
Y X N S G W I R F C J S W O E
O P C E T A I M R M C E Q W A
E U Z E Y X N G E T Å R G E U
D R P N D Z O I M S Y Æ A T Y
R E D Y Ø H S E S D E J L E S
S R I M E D H C K A E K N A B
Z Ø T L L Z O R E K S A L F N
N H N A I H Y U D N N J Y K V
P L C D J G A O A K G P O R S
J I V J A S N Ø M A N N L N W
W T S P E G S A N D S L O T T
U T T R Y K K E L I G E M H F
```

FREM	MED
FJERDE	ORGANISASJON
FLASKER	GRÅTE
HØYDE	ROP
SELJE	BANKE
VARM	UTTRYKKELIG
SANDSLOTT	SHOWET
SØNDAG	ZOO
KJÆRE	SNØMANN
TILHØRER	DEILIG

Puzzle 54

```
M D A Q N L I A J L D C V G F
B R U B L L Z Q R P P Y I C X
D E U J T Y Y I B T H V A L A
E L I L P R K U R F I I U Y N
S L X N C E M M O L M K J D R
P U S N F P O H S J I K L D M
E T Z J O P T X F R N I O E Q
R M K B T E F F U K S S K T R
A R A S K T N D R G T U P V Z
T J F C F D R S S I V M M O R
J R K J U I C E I Q P R N L F
K U L X M P A R S N I C M W R
G Z S T R Ø M M E T N M Å P T
Ø D E L E G G E L S E E L I I
```

LOMME	RASK
HVAL	SKUFFET
ØDELEGGELSE	TJUE
BEIN	TULLER
TEDDY	MINST
MUSIKK	JUICE
DESPERAT	KUL
STRØMMET	MÅL
VISS	ARTIKLER
TEPPE	NOENSINNE

Puzzle 55

```
N Y I S Y Ø E D D B S T G B D
E K K A J K J C E N Q M G W U
D E J J U O J G L H I T Ø Z A
E H R E S N N I F R H C Q R U
Q Y U E K O A Z I K O B B E R
L W U E S M E N N E D R M D Ø
I N P C C I T L C G T O M X T
T E K K U L P L L P C F S Y K
X M U Q P H M S K I H N C Q E
H V O R F O R A N H P E K X R
H J O R T O S T Å I E T I F I
H Y L L E Y L T K E O U I N D
Z K A D Y P T U D B J U X S G
N Z I K V O A G B F V A C V K
```

DIREKTØR   ELLIPTISK
INNSER   JAKKE
ØKONOMI   KOBBER
HYLLE   NEDE
HVORFOR   HIT
DELFIN   PLUKKET
DYPT   STÅ
INSPISERE   DENNE
GUTTA   UTENFOR
HJORT   SMØR

Puzzle 56

```
I  F  L  A  G  G  E  R  M  U  S  S  A  G  N
T  M  B  J  B  P  X  G  O  P  C  J  J  W  D
T  V  P  I  O  S  T  A  M  S  D  L  E  V  K
E  I  K  O  E  K  E  S  S  B  O  K  S  E  N
R  T  A  Y  R  O  L  W  O  N  H  N  S  U  S
T  A  N  B  Y  T  E  B  Q  R  A  N  R  A  B
H  M  S  I  E  K  F  Y  P  A  F  K  N  E  W
E  I  K  L  O  D  O  S  K  C  F  R  K  I  M
N  N  J  G  I  L  N  Y  S  U  S  D  S  E  Z
D  E  E  A  W  O  N  C  X  I  Y  L  L  S  R
E  R  Q  T  W  H  A  J  V  F  K  Q  J  F  E
L  U  J  J  Y  P  T  L  Z  A  L  T  H  S  W
S  O  V  J  A  P  U  R  T  C  U  M  P  E  O
E  U  N  D  S  O  D  N  A  T  S  L  I  T  I
```

OPPHOLD	BIL
BETY	KVELDSMAT
TELEFON	TRETTI
KANSKJE	FLAGGERMUS
TANN	HENDELSE
TILSTAND	IMPORT
GASS	BOKSEN
SNAKKER	BARNA
VITAMINER	FROST
SYKLUS	USYNLIG

Puzzle 57

```
L X H E M P V J C W L G Z R S
Y S Ø N N R E T P O K I L E H
T F E Å G C G O I A W S Z S B
R A F L Z C E R G K A S F U O
R E N N E T L Z B A H E O L K
H K V N V A L G G K J M R T S
M S N E B A N N E T O L T A I
B N P Y R Ø V N E I R E S T N
Y A S N L T R Z X H D G A E G
C G J W B I L S L S B E T T I
T I L B U D G H T V Æ R T H W
T G P M L V P F P E R U T C V
J J J W Z N Q G E G G P J Y Q
F O Q U L Z Q I J F L G S K R
```

VALG

REVERT

SERIEN

JORDBÆR

BOKSING

UREGELMESSIG

FORTSATT

GANSKE

LÅNE

KAKAO

RESULTATET

ANNET

HELIKOPTER

LEGE

TANNBØRSTE

TILBUD

NYLIG

HAWK

TENNER

SØNN

Puzzle 58

```
N S J Z G I Q K D V L E K B B
T A K C D X H N E D L E J S T
G N I T T I T K R Å N M P E F
F N R J L A T E D B C M C W T
U S L Y H V K T H X S B V N S
N Y O J Q S A A I Z Z A S N P
K N S V O N M G W L R S K S E
S L Y E G I L N A V G N U T N
J I Å E X T F E U E A F D H T
O G Z K S T F D C T S D B B H
N V F K M Y D U L M S O M R G
O I Q E L O D H J G E J D T U
W S A J T D L M M Ø T T E R A
I M L C K T V B Q K Z T V T R
```

MAKT	BLOMKÅL
SANNSYNLIGVIS	DER
SPENT	SOLRIK
TITTING	DETALJ
HUDEN	VANLIG
SJELDEN	AVSNITT
GATE	LITT
GASSE	NÅR
MØTTE	FETT
TUNG	FUNKSJON

Puzzle 59

```
H E N M E Y T B R M D Ø R E N
F E S E R E M M U S P P O F X
U R T T W Q H Q D K C Z D E S
O Æ E K I D R E V N S A U Z M
J T G M P M Ø R D U V E L K Å
Z I G U O Y A J A R W O R C L
L L E Q K V Y T I T V U C G I
C I L U G E E G R Ø F T A G N
Z M N E G N I R E V Ø U D Y G
T Q A I N F O R M A S J O N I
G J E N N O M G A N G M Z J C
R U M U S T E A R I N L Y S C
S Y Q G U T D Ø D D N X S N I
Q B E A W D N R E L E Q Z P J
```

UTDØDD	FREMOVER
ESTIMAT	GRØFTA
GJENNOMGANG	VERDI
INGEN	INFORMASJON
MILITÆRE	ØVER
MÅLING	EMNE
OPPSUMMERE	GUL
TRUNK	DØREN
DRØM	BUKSER
ANLEGGET	STEARINLYS

Puzzle 60

```
L W Y Q Z U H G F M Q H G I P
M R O F T S E H D O L F R G M
R E B Q V K X W D R H V U N F
B G W A V G A T Å G O S N O K
M N O Q L R C R N E D G N R W
V B C I G L J R T N E P L E M
M U P C P F O E D E T R E R Y
E E R N N I L N N D T E G E N
S R A X Y X L O G E Y M G B T
T Ø K K E R T I L E J I E D E
E L T C X O I L Q O R E N D K
R S I L T E K L S E L V D G T
H V S R R S O I N U G P E N N
S A K F X I U M V I L L K Z C
```

TREKK	NÅDD
PREMIE	IGNORERE
FORM	AVSLØRE
MORGEN	HODET
MILLIONER	BALLONGER
COWBOY	REGNBUE
MESTER	PRAKTISK
VILL	KARTET
GRUNNLEGGENDE	FLODHEST
MYNT	SELV

Puzzle 61

```
S R M Q M X T P R B T A V A O
V F X C K U H P B C R N I W M
Ø P Q K R N S R E C E T E Z E
M E P L I K T E B H N A D P D
M N Q F W K S V U S I L L V I
E G L H Z H O H A M N L O A S
T I G A K H W A Q J G T H N I
U L U E G A N G E W O Q T S N
R N L H U D C S R Q P H T K S
T E R R O R A B R Æ B E E E K
T M K X Z B R L R P D L R L T
C M P A P J H G G H B T P I I
S A I N K L U D E R E R P G N
V S T U S E N S T O R E O U Q
```

MUSEUM   TUSEN
OPPRETTHOLDE   SVØMMETUR
HVER   VIE
TERROR   ANTALL
GANGE   HELT
SAMMENLIGNE   INKLUDERER
MEDISINSK   BÆRBAR
GLAD   TRENING
VANSKELIG   PLIKT
EGG   STORE

Puzzle 62

```
A P U J E R C X Q H X M M M G
T J O L D I T T K C R X I E J
N H H R H S I Q K L O W N N Ø
T I L K O B L I N G E N N I R
I N N H O L D S G Y P L E N M
E C R T W Z V Q L E I X T G E
T M U D T J L I H G L L I F T
T A T F A I D B S N C É N U E
E L K K L A T R E T U P Z W M
S Y U K E T K N U P E D Y Ø H
T X R Q S R E D I G E R E Q V
R R T Q D R O N A O D B L F J
O N S O Ø K A L K U L A T O R
F N Y F F D E J V K U O Y A F
```

INNHOLD	LAM
FORTSETTE	MENING
HØYDEPUNKT	NORD
REDIGERE	RIS
TAKK	UTE
VISTE	KALKULATOR
GELÉ	KLATRE
MINNE	FILL
TILKOBLINGEN	STRUKTUR
GJØRMETE	FØDSEL

Puzzle 63

```
T E R M O M E T E R H X W D I
S I G R A T I S G E Ø O W S L
W U U N Q A M L F Q Y U S B O
P W N I E B N E S U T U V V M
R M C E W B A X A D U Z Z T Q
O M R R V S P S R Ø T T O L F
S K U L L B F J E K K U D A H
E A S F H B L H D B S M L G I
D T K K S I T K A F A G I R X
Y T P A R P S E I E R L X S M
R F A B I U A J L T D F L T Q
E R A B R Æ B C T E D L I B E
F O T B A L L B B Z H P Z M S
Ø D E L E G G E E Z H N Q W C
```

BÆRBARE   BILDET
SEIER   ØDELEGGE
TUSENBEIN   BASEBALL
RASKT   PROSEDYRE
GALT   SKRUBBE
TERMOMETER   GRATIS
KULL   HELE
FAKTISK   FOTBALL
FLOTTØR   HØYT
BAK   DUKKE

Puzzle 64

```
M U M I E J B E Q Z P H E C G
Y Z U V N U Z T T L E M R O F
F E D R Y L F Z U E R M E F K
E Q G Y D A A D I N I I T O A
R R A D Q N Z N M K O M S X S
E L L E D O M N D Y D I I C T
N P L L T J B E A E E S S B A
I R O Æ K S D K H T T T K T N
D E P J Y A M S E T T E E J J
R A Y K C N P N K Y Ø T S M E
A E L H V T J E R E K K U D R
G U G S U F A V S P S A M C P
F M P N X J T S I V R E D N U
B U X V A R O B A A A W A Z Z
```

FLYR
GARDINER
STØY
DUKKER
KASTANJER
SVENSKEN
MISTET
REGN
LANDET
UNDERVIST

PERIODE
NASJONAL
KJÆLEDYR
MODELL
EKSISTERE
ROB
FORMELT
SEKS
SETT
MUMIE

Puzzle 65

```
S  Å  X  C  S  K  T  T  A  M  R  U  N  D  T
Ø  T  R  A  K  G  L  A  T  A  F  X  I  T  G
R  T  G  V  A  J  Z  A  E  E  B  T  R  I  O
L  I  G  P  T  G  M  N  R  T  D  D  O  H  L
I  D  D  A  T  E  L  L  E  T  O  H  J  V  E
G  G  A  J  E  D  I  E  B  R  A  M  A  S  K
J  T  A  G  N  R  B  E  H  O  L  D  E  K  S
F  J  Q  R  G  N  O  T  A  T  Y  U  L  N  J
P  Q  P  I  D  R  B  A  K  K  E  C  K  E  O
T  U  G  M  I  E  Y  H  J  V  E  N  I  E  N
N  D  W  C  J  B  R  Q  F  X  A  A  V  T  Q
F  E  N  G  S  E  L  O  L  K  N  I  T  R  P
H  A  N  D  L  I  N  G  B  M  Z  Q  U  W  F
A  K  T  A  R  M  O  N  N  E  J  G  R  B  L
```

LEKSJON	KNEET
FATAL	GJENNOM
GARDEROBE	FENGSEL
BEHOLDE	UTVIKLE
TEAM	SAMARBEIDE
KLAR	HANDLING
NOTAT	BAKKE
RUNDT	ÅTTI
DAGGRY	SKATTEN
SØRLIG	HOTELLET

Puzzle 66

```
W N X Q N A K L P T M W B I J
V G V V K G Y V X I O J Z C E
X E A E W W S S E S K U S A N
V E V E D D X W N E Z Z C H T
M U I G E L I V I R P I T H E
U O R E V I R D L L U P I F R
Z T T A K T Q B Z U B L O V
B D U B T S O P A P P A N R I
Q O E F F E J B D Y N Q Æ D R
V K L L A F V A G T A A R Ø K
L M L Q L B S F A L L E M Y E
R E M K L A R Y J B Q I I E L
J F I H O X B Y T N Q Z N F I
J G R U T G H H H X X B G Y G
```

JENTER   VIRKELIG
PAPPA   KOM
FALLE   LEI
PRIVILEGIUM   PULL
DRIVER   BJEFFE
TAKT   ALLE
POSTBUD   SUKSESS
AVFALL   TOUCH
BLI   FORDØYE
VIRTUELL   TILNÆRMING

Puzzle 67

```
Y  U  H  F  I  B  I  E  D  L  I  B  S  Y  L
B  X  A  Z  E  N  M  N  W  F  M  W  U  S  B
A  A  A  L  N  Y  O  N  G  N  O  K  L  R  T
B  S  T  M  F  T  D  O  F  E  L  R  L  L  A
W  I  E  C  J  T  E  L  H  N  N  A  K  R  O
O  T  K  H  H  I  R  O  V  E  D  T  Y  L  E
N  U  Å  A  V  G  N  K  A  L  O  M  I  R  E
T  A  R  S  L  T  E  C  F  A  D  U  H  N  J
E  S  P  T  B  A  T  A  B  E  L  L  E  N  G
L  J  S  I  S  T  E  R  E  D  A  V  N  I  S
L  O  Z  G  I  C  Z  X  P  W  D  Q  W  K  I
E  N  R  H  S  K  O  K  E  S  I  R  K  S  T
R  X  N  E  Q  M  Z  Y  A  I  S  D  A  A  H
R  S  M  T  H  G  V  B  L  Z  W  L  V  M  D
```

BABY	ALENE
LYSBILDE	ORKAN
SITUASJON	MODERNE
SPRÅKET	MASKIN
KRISE	INVADERE
FORKLE	ULL
KOKE	HASTIGHET
KOLONNE	BATCH
NYTTIG	TELLER
TABELLEN	INGENTING

Puzzle 68

```
H H R S N H X O L R P Ø G P Y
W X Y A Y J C L P Y N G Y I L
K A N G E T N Å L I T S G N J
E K S P E R I M E N T T V C E
W H W L V P I R R H V F E T B
I J S E P W Y A D W F E G P E
A D O P T E R E N D K J Ø P V
M E N I G E E X U S U L K B E
A O O T P S D Y H S M B H K G
P T N R O F N E V O C E I R E
D F U I B S U P D R A P O E L
H N Q X T P R T O C V X X V S
T E F P U O E F F E K T Z E E
G X K X O P R E V O K A B R L
```

STIL	ADOPTERE
EFFEKT	ARM
LEOPARD	ØYNE
KREVER	KAN
BEVEGELSE	LYTTE
BAKOVER	NÅL
TEGN	ENIGE
UNDER	OVENFOR
KJØP	MONITOR
EKSPERIMENT	HUNDRE

Puzzle 69

```
Z W H B S K L A X J H R Q T U
E U J M E J S A T I L S K C S
F O V I H A N E D L L B R Æ V
Q K R D T H S B G N I T A G H
D G E T T I L S F M I M F E N
Q O P E D Y L D A Y O N T I B
F M M N S X T Q Z S R C G I D
P Q B M R E K V Z T K C A A I
E B S A E P E T R E J H D Q K
L N I R Z N I F P R C Q E I I
S O V G H Z K P K I E E R D K
F Q I O C U R E K E P D F G B
K D L R H J F M D R A X I Z N
F L I P P E R E F F O K I L V
```

SIVIL   FREDAG
KRAFT   MIDTEN
OFFER   ORK
LADNING   DOMMEN
MYSTERIER   HANE
LIDER   SLITASJE
TING   VÆR
SLITTE   HJERTE
BIT   FLIPPER
ADLYDE   PROGRAM

Puzzle 70

```
S X I K F K A N Y A B T K J G
E F W K A O M E J T W I A P J
T G G V T M R T Z O R T P W E
X M I N A J R D E M T T I R T
P H L M F O O W I I Q E T B N
V A R E B I L R D S Z L T G I
I U A L J G Q E D K T E E U N
R M V Å Y J N D U E V N L N G
K G S T P Z T E K S N F L S N
S N N Z S I N L S A C T X T W
X Q A B O Y T E L S E W P I T
E K T E L S P Ø K E L S E G U
Y Q K G U D A P R D I M B Q O
T A C J R Æ T N E M E L E D C
```

KAPITTEL   BAY
TÅLE   JORDEN
ATOMISK   EKTE
GJETNING   FORDI
SPØKELSE   ELEMENTÆR
YTELSE   KAM
ANSVARLIG   SOLUR
VAREBIL   SKRIV
LEDER   GUNSTIG
TITTELEN   SKUDD

Puzzle 71

```
S  S  K  N  A  I  F  R  V  U  A  Q  Ø  P  A
X  C  N  E  B  E  H  A  J  G  N  I  K  A  M
T  P  Y  D  L  J  W  U  K  T  T  A  O  B  E
O  T  T  E  N  J  F  E  V  T  L  R  N  Q  R
Z  R  T  N  E  N  V  E  H  X  U  E  O  N  I
S  O  E  F  S  R  M  K  Q  P  J  M  M  A  K
T  P  T  O  E  Å  E  D  Å  B  K  A  I  R  A
R  P  I  R  L  I  B  T  P  C  S  K  S  K  N
E  A  F  S  C  T  R  D  I  Q  A  N  K  O  S
K  R  E  J  S  L  U  Y  N  V  V  S  P  T  K
K  B  M  D  Y  M  S  Z  G  G  N  C  I  I  E
E  K  V  L  U  H  U  C  U  G  V  I  Z  K  C
Z  W  H  U  Q  D  T  S  O  F  B  K  R  A  J
M  I  S  L  Y  K  K  E  S  D  A  X  D  Z  N
```

NEDENFOR   KNYTTET
FAKTUM   EVNE
KAMERA   AMERIKANSKE
MISLYKKES   INVITERE
BRUS   SKJUL
TIÅR   ØKONOMISK
RAPPORT   MAKING
NARKOTIKA   SPISSMUS
FEM   TREKKE
ESEL   BÅDE

Puzzle 72

```
B H X M K J D C H H G L M M L
Ø E R U A R E P P A T S I Y V
F N E G I R V I Y X K R X E Y
F G N A T T I M Z W M E X E F
E I N N G Z T H K U A G Z I N
L V I S U Q I P Ø S W N N F Y
D E V I T G S Y X N F E X M T
L N K K P T O K U A E R Æ P T
W H V T K R P L N Q E T C A E
H E Å C R O P R O D U K T E T
L T T V Q S S N U S E A I H L
R K A K O S G E N E R E L L E
P S Y V E N D E T S Y O S G V
T N V S K F Y M J F C C S K E
```

KVINNER	IVRIGE
TROSS	MARIHØNE
BØFFEL	POSITIVE
PRODUKTET	SYK
GENERELL	VÅT
SNUSE	NYTTE
PÆRE	HENGIVENHET
ISTAPPER	FEIL
ANSIKT	TRENGER
LEVE	SYVENDE

Puzzle 73

```
H T B S T S K E V X Y P W B S
C L L U R I H F B L I T T L Z
C E B Q U N O J S A R A P E R
E Y H L S T J L Y D E N V O S
W J J C S E N N E H T C C Y W
H T T U E B B E W P S W O H F
E P P I L S N N U I E B J M I
B U T I K K V S A C Y R U J N
K R I T I S K Å N U Ø T G S N
E K T E S K A P K A H D O I E
S K J E L E T T T E K I Z S R
F C B S M E L T E R N K F T F
G D N Ø D V E N D I G U E E K
I V D X C P E M G G K U Z T X
```

SKJELETT	SNAKKET
REPARASJON	LYDEN
SISTE	BLE
SMELTE	VÅKEN
NØDVENDIG	HØYESTE
EKTESKAP	BLITT
FINNER	UNNSLIPPE
HENNES	TRUSSEL
BUTIKK	KRITISK
VEKST	JURY

Puzzle 74

```
L D D T E F E Y X B J T O G H
D I H K D Q N E P Å V R F J W
M P P T N X S O L V V Y U Ø K
Y L R M E B O J B S D K G R P
O O E S Å C M P S P G K L E S
W M S F T A K I L P U D B S T
I K S A S O T K E P S E R G R
G K H A E U R Q S U S K U L Å
I R E Z N J W P R R S N R W L
F O R M E R E O A Z I R L R E
O E U X H F W S V C M K C L N
U D S B T J G C D U Y J T C D
G V W K S I T N A G I G T I E
U N D E R S Ø K E L S E S E G
```

ENSOM	FET
STOR	UNDERSØKELSES
STRÅLENDE	VÅPEN
FUGL	RESPEKT
DUPLIKAT	ADVARSEL
LUKSUS	PRESS
TRYKK	RIKTIG
GIGANTISK	FORMERE
DIPLOM	ENESTÅENDE
CAP	GJØRES

Puzzle 75

```
K B A N K C S X T O V Z K R O
A L H C K K I Q D D W D J X V
V N A P R I N S E N M W Ø G E
V O N R M C V T E I Q F P X R
I K S I T A R K O M E D E P S
S P P Y M P U U R O F R E D K
E H Z I Q B H R T O S F B E U
C V D B F M J B F T N B S D D
V I N T E R E N N T I E R G D
B Y E F O R B E D R E T L E N
R T P S L U T T E N A N T F J
E O M O V E R R A S K E L S E
D D A P Å F Ø L G E N D E G M
T O K S L I P S P M G S J P C
```

BANK	BREDT
VINTEREN	KLART
KAMPEN	FORBEDRE
PRINSEN	AVVISE
OVERRASKELSE	BRUKT
DEMOKRATISK	PÅFØLGENDE
SLIPS	KJØPE
OVERSKUDD	SLUTTEN
TITT	GREIT
KRONE	DERFOR

Puzzle 76

```
E A I D E N T I S K T F V K V
M R Q G F K J E N T R R E R A
Q B L A L A Q K E E A E G O S
N E L G E N S R V T D M G K K
V I T S J L O X L O I G M U E
T D M C M N M T E P S A A S R
H E Ø A U K C R J J J N L P O
L A R P F C C L K G O G E G M
W Å G M U L O V S A N E R Q D
N Y V L I Q P S U R E W I Q E
V D K E S K K R D L C I L M
W W D Z N C K K K I L W V N I
G C P J H Y Y E O N W D H Y T
U M I D D E L B A R T X V F E
```

STIV
ARBEID
TERMISKE
SKJELVEN
KRUS
VASKEROM
TRADISJONELL
VEGGMALERI
POTET
IDENTISK

KJENT
UMIDDELBART
KROKUS
FREMGANG
ØMT
HAGL
LÅVEN
GARDIN
VOLUM
SNEGLEN

Puzzle 77

```
D L X E P W A B O I O D D O W
F E V G S I K X Z N F K J V K
A S B K F P Z O G N F N F W E
R M V A S O I A Q R E P U A G
G E O L T Y K L M Ø N S R F N
E R L B W T L U L M T X E C I
R K D M T E E K S M L P W C N
I S Y X J V N N F E I A Q M K
K E S E T N I N G W G S Y K Ø
O L B R E N T E L L E T O M F
S G J H B I B L I O T E K W S
K U B L Å S E S Å R S K A R P
I F E I K E N Ø T T E R F U I
K V A L I T E T M K N F W B M
```

MOTELLET	BIBLIOTEK
SPILL	SKARP
FUGLESKREMSEL	SKI
SETNING	SÅR
DEBATTEN	INNRØMME
VOLD	FARGERIK
GAUPE	EIKENØTTER
BRENT	ØKNING
FOKUS	OFFENTLIGE
BLÅSE	KVALITET

Puzzle 78

```
P N N P H Q P P D J V H G N J
R I J H N B I V O E I X R S W
Ô M W G O D L O S E K J Z N I
F A R V E L L N Y A N K C X F
M I D D A G E D C N Z G E O H
M U N N E N Y T H K C M S T P
P I A N O H S N I S Y V J U Z
F J E R N T U E C H F U I N M
C E L L E N Y L K T A T R X X
H A D D E A Q A I V N S J G K
L C V I S U T J K N E P F H
E D Z L E E J Q U U E T K H T
Y X J B T T E K R E V T T E N
K L A S S E R O M M E T H Z F
```

FJERNT   TALENT
KLASSEROMMET   GOD
HADDE   DEKKET
FARVEL   FÔR
MUNNEN   PILLE
POENGSUM   CELLE
MIDDAG   SANT
ULIKE   CHICK
NETTVERKET   VONDT
PIANO   UTSETT

Puzzle 79

```
Y W B W O P L O M M E V H U T
S N E I D E R G N I U I P T V
Y Q S T O M E N N R E S L Ø P
B D T E U H L Z F S D F C V U
V Q E M X T N E I T O V K E L
Q H M A E E T D O P M D S N V
S O M E V K Z A B E S Ø K D E
T E E T I K P I L B R O F E R
A D D P R Y B P S E G L Ø F F
R X Q L K L M H D F L M Z K U
T R Æ B S L E K K I T S M X N
E R V R E E L E J T S C E Q N
T Z R S B V E U C Y A S Ø V N
B E H A N D L I N G B U O M A
```

FØLGES	INGREDIENS
PULVERFUNN	PØLSER
UTTALELSE	HOE
PLOMME	BESØK
STIKKELSBÆR	TEMAET
STJELE	BEHANDLING
BESKRIVE	UTØVENDE
KVOTIENT	STARTET
BESTEMME	SØVN
FORBLI	VELLYKKET

Puzzle 80

```
R F M Z H N Z B X V C Q G T U
H E I A A V A N B E F A L E R
Ø R G C R H W C I N V A O H R
F E G J T S Q Z U F F T F G W
L R Z R E I P T R P S Y S I J
I T I Q A R O L L E B E U L B
G S A V N E I N N E N E K R Ø
E N E G N E P N Z L Ø S E Æ I
M O R Ø Y K V J G S G C P J X
I M R E K A S T Ø S Q G M K G
T E R E S S U R S W T Z A K W
S D C X U G C K C Q D I L A K
O P P S T Å V M R X R F D R X
S T R E E T T A L L E T D K V
```

PENGENE   ANBEFALER
REGJERINGSTID   HØFLIG
BLUEBELL   KJÆRLIGHET
FICTION   CUP
KRAKK   RØYK
OPPSTÅ   STREET-TALLET
RESSURS   HAR
ØRKENEN   LAMPE
SØTSAKER   LØSE
TIME   DEMONSTRERE

Puzzle 81

```
P J U A Q I Z P P O K E X Z R
B O B W W N G U E W V W S V E
B Q S I E Q C O D A M Z B E S
M T N T N E D U T S Q T T B T
A Y E Z E K N E T T Z A M J E
I G V N R N O J S I M R E P N
S D K F D C K L O F N Y R E X
M Y E Y E G A T T Y H J K U C
P I S B B W M R A D M E N N T
A A O E X S P O V J M D N K Y
C U U N Y I T C S C Q Z A Y P
C Y I S A D N O U D S V T S I
N J H V E E S Y L A N A R W S
Y L M K E N R C S K D G E J K
```

MAIS
TYPISK
RESTEN
FOLK
STUDENT
MENN
KAMP
PAUSE
POSTEN
TENKE

PERMISJON
HYTTA
SEKVENS
BEDRE
BEN
TANNKREM
ANALYSE
RAD
SOM
SIDEN

Puzzle 82

```
X  F  N  T  É  I  E  T  E  V  Ø  T  S  E  O
P  V  I  N  D  U  G  L  X  X  N  Z  N  S  C
W  O  K  D  I  H  M  E  L  J  Z  Y  Ø  U  W
H  Q  L  O  H  Æ  R  E  N  E  F  B  F  G  V
F  C  W  I  L  V  I  W  U  S  V  M  N  Y  P
X  M  O  T  T  Å  T  S  R  O  F  E  U  L  W
A  Y  X  R  G  I  K  A  V  E  J  J  G  D  F
T  L  W  A  N  Y  S  X  J  G  C  H  G  I  B
T  Y  L  T  A  A  U  K  A  B  D  J  F  G  O
P  I  N  E  L  K  U  N  N  S  K  A  P  E  R
B  R  O  K  R  E  P  P  A  R  T  A  P  N  T
A  Y  Q  T  R  E  S  I  L  P  M  O  K  G  N
L  O  T  S  M  O  D  R  O  B  K  Q  W  X  D
P  V  K  Y  K  M  M  E  R  E  P  U  K  K  O
```

OKKUPERE	POLITISK
TRAPPER	IDÉ
UGYLDIGE	FORSTÅTT
STØVETE	LANGT
BORD	ELLEVE
BORT	PIN
VINDU	KUNNSKAP
ALLEREDE	KOMPLISERT
DOMSTOL	HÆREN
SNØFNUGG	HJEMBY

Puzzle 83

```
J  L  I  R  K  H  Z  K  Y  P  I  E  T  G  V
I  N  T  E  R  V  J  U  O  E  O  L  R  J  A
E  N  G  S  T  E  L  I  G  N  Y  I  K  T  N
R  M  K  K  T  M  E  F  H  O  T  B  N  S  L
N  A  L  A  A  N  K  Z  T  U  I  A  R  T  I
J  K  I  S  S  I  K  X  G  E  T  T  K  V  G
I  U  P  Z  T  G  Ø  K  V  B  G  S  P  T  V
S  N  P  J  O  G  N  I  N  K  Y  U  T  O  I
V  H  N  D  M  D  T  Z  X  Ø  R  E  G  Y  S
A  M  Y  E  N  E  K  N  A  T  T  U  R  D  O
R  K  K  P  N  I  N  C  H  E  S  V  G  M  A
E  B  D  P  W  F  S  M  Y  X  S  R  Y  Y  R
T  H  H  A  M  R  O  F  J  P  C  B  H  K  F
D  H  T  E  K  S  A  R  R  E  V  O  H  E  O
```

OVERRASKET	KLIPP
KONTAKT	HAM
YDMYKE	TANKENE
INCHES	ØRE
SVARET	SAKS
TRYGT	TUR
ENGSTELIG	INTERVJU
POINT	MOTSATT
USTABIL	NØKKEL
VANLIGVIS	INNENFOR

Puzzle 84

```
S N O T C E M O D P T O M J V
K W E R P S Ø P S I E R A U O
I Q B T V B T P U O P M D J K
T R B B T Q E M N S K Y T E A
N F O N L O S E N C X M E L B
E H J E L M Q R S O G E H A U
T A R E T T E K K A N G G T L
L V E M M P A S Y R O N I T A
U Z O E L D R O L R T M D U R
C X Q R M V H M D R A X R F M
O X V P S L Z M N Ø Q U E B Z
T R A K T A T E I D R A F R Q
D J C Z I Z X M N H X O F E M
Z R H Z T J B G G L E H B N T
```

SKYTE	REN
UTTALE	NETTO
OPPMERKSOMME	ETTER
TEORI	RØD
SKITNE	HELG
TRAKTAT	NAKKE
VOKABULAR	JOBB
MØTES	SIER
MEG	UNNSKYLDNING
FERDIGHET	SPRE

Puzzle 85

```
F Y Z C K C H Q N M G C U E N
T O R B E O M Z D R E P I G R
T E R M Y K E B K R A B B E N
A K R S I I V Ø C H V A E L Y
A A C E K R D N U F Y Z Z L E
M N A P R J X N D A E Y C O O
L D H K W F E E G D A B O C I
R I Ø L J L R L Y U G Q G X U
K D R S O A G I L E S T U L P
I A P N O A E R A P S R D E D
A T Q I T L H O P P D A G E T
Z N K T N S D J Q I U M N W M
U O N A R N T A Y L Z S F T J
B F Y L F R E T T U B Y J S A
```

HEGRE	KANDIDAT
OPPDAGET	SMART
BEKYMRET	FORSKJELL
KRABBE	BADGE
HØR	BUTTERFLY
DUCK	PINNE
COLLEGE	NYE
BØNNE	RIK
PLUTSELIG	SOLDAT
BRO	SPARE

Puzzle 86

```
H T H U F O R F E R D E L I G
E F O R R I G E S E F C N C V
L L E V E N D E K K O L K P R
D K K O J S Z P O G H K Z H I
I S A B D G N I L V E R G W K
G I Y N E Y E Q E X M L P V K
V P Q H I C T B S S T O L T E
I O E T A N I Q E M E M V Y O
S R Z H H I L C K S Y R U M B
G T D R A H S S K W L W B M J
N Æ R I N G S S T O F F E R E
M U L T I P L I K A S J O N K
U T E N L A N D S K V Q X S T
R E P R E S E N T E R E R T N
```

NÆRINGSSTOFFER
MULTIPLIKASJON
KLOKKE
FLYET
HARDT
GREVLING
VRIKKE
OBJEKT
SJOKK
FORFERDELIG

SKOLESEKK
SLITEN
HELDIGVIS
KANIN
REPRESENTERER
UTENLANDSK
FORRIGE
TROPISK
LEVENDE
STOLT

Puzzle 87

```
G E N E R A S J O N O J Z H E
O P P M E R K S O M H E T T O
P W K R W W Y O B A A T S E A
L F O S R I V H G A V A A A S
U P M E R Æ L K R E Y L L T P
K Y P L V X L V J K S L P E E
K C A L R J E A I Ø V I S R R
E X K I S C H L A N T T A S S
B U T B F R S R B E D T L Y O
C T E S S Y K H G K I K G C N
Z E J N A P M A K R L M A Z X
S N B Z N W Z J Q E Z K Z S U
S T Å L P T V G Y V P A Y X T
B E K Y M R I N G N W V D M T
```

VINDKAST   BEKYMRING
KYSSET   TEATER
STÅL   ERKLÆRE
OPPMERKSOMHET   TILLATE
GENERASJON   KJØTT
VERKEN   PLUKKE
KAMPANJE   SATT
BILLE   KOMPAKT
PERSON   PLAST
SHELL   UTEN

Puzzle 88

```
Z V R V E R D T J K E D D C R
B K O I L E S N E P L E Q W E
Q G C X M S L I S T E S F L N
R R P W E I R A N A K I W F T
G H B M J V H Z U G H M E R E
O I P Q H V U P H K D A F Q R
I M X D R A D N A T S L F X U
L E S H Q Q V Z K Y N E A F X
V B O O A D V O K A T D R Y O
R J P Y R Y N H L E L A T E B
W J H L G G O I J N Q I S K D
L U F T E H G I D N E L E C O
Z J E K I G J B K W T G V O L
M E D F Ø L E L S E A B Q H B
```

PENSEL   STRAFFE
ELENDIGHET   VERDT
OMSORG   RENTER
BLOD   RIM
AVVISER   MEDFØLELSE
ADVOKAT   BETALE
STANDARD   DERES
KANARI   DESIMAL
LISTE   LUFT
HOCKEY   HJEM

Puzzle 89

```
S E X A D H Z K U I G U Y H P
T L B H G E G L Ø F R O F O E
F J I I E G I N V Ø S E F L L
L R O T H E M A D N N K O D S
Y D E B N N R B A E A S L N T
L W L D S E B W C G N T K I I
S Z D Z E E F Z P A Z R L N L
K H N N M Q R W G O V E O G P
K Q A J C Z J V Q Y J M R P A
I U H X X W S Y E B S T E Q S
I F G N E T A L F R E V O I S
Y T D Ø F O R A N N E Y T K E
M A L I N G K A L K U N N O T
S A M H A N D L I N G O D F H
```

FØDT	KALKUN
KRASJ	SAMHANDLING
EKSTREMT	FOLKLORE
MALING	SØVNIG
PELS	FREDE
EGEN	FORFØLGE
SLITNE	HANDLE
TILPASSET	OVERFLATEN
OBSERVERE	DAME
FORAN	HOLDNING

Puzzle 90

```
G Y X T J V T M Z H S C N B C
R N E F I Q V A H U G L A J L
O E J F V X G U O K I A E F C
A L L Ø Q S R R G W M X A C R
Z D J T R E T I R R I E T K X
H M D E R N N Ø R G Y M E L K
M S Z D V D G J O P A M S V V
Z R U L R E J A Y G R E K E Q
O J Y I C J R J M M D T O L V
J R E B V Q C D W L I L V R M
R I D N I N G C E B E A B B U
B Q Y B E E I H G N O K L A B
E T T E R M I D D A G M E N T
Z Q F M G T R X T R A V E L T
```

MAUR
BALKONG
MELK
MENT
GAMLE
RIDNING
BILDE
OLJEVERDEN
TOLV
TØFF

ADD
ALT
YARD
BEE
TRAVELT
SEND
IRRITERT
ETTERMIDDAG
VOKSE
GRØNN

Puzzle 91

```
I  Q  C  G  L  L  E  I  S  R  E  M  M  O  K
Ø  F  Ø  R  S  T  E  V  A  T  S  T  L  I  O
R  P  E  R  F  O  R  S  K  N  I  N  G  O  M
N  R  F  V  B  J  S  O  P  I  T  W  Z  Z  M
F  P  E  V  A  N  N  K  O  K  E  R  I  V  U
S  N  B  I  T  Y  W  H  D  G  Y  Y  W  C  N
S  T  R  E  S  N  A  R  R  U  K  N  O  K  I
P  I  Ø  D  X  E  W  L  S  K  S  X  S  F  S
V  D  T  R  V  W  P  G  U  M  M  I  C  O  E
G  B  Y  R  S  B  E  R  E  G  N  E  E  R  R
E  I  S  M  O  T  Z  V  O  E  A  N  N  M  E
L  G  E  D  G  N  E  L  B  O  D  N  E  E  P
W  A  F  Y  D  N  N  S  K  J  E  F  N  L  L
S  V  Ø  M  M  I  N  G  Z  K  G  W  I  Q  G
```

SKYET
FØRSTE
SCENEN
FORMEL
GUMMI
LENGDE
STØRSTE
SITRON
VANNKOKER
PER

ØRN
FORSKNING
SVØMMING
STAVE
KONKURRANSE
KOMMUNISERE
KOMMERSIELL
BEREGNE
SKJE
REISE

Puzzle 92

```
S P L A T E S K L A R E S F S
K E N R Ø J H L A M I S K A M
A D N D E V Q U I E M G Y R N
L N E G P H H G P K K W S G U
F A P S I R K E L D A M T E L
R L P M S K U L D E R O U S N
P B O Y E A B Z E G T V D T N
W A T X Q D R V X S A W I I G
N I D V Q M I H O L D E E F C
D N A E G H M S Q H A V R T D
K S H J A J N L I T M O T E T
J E Z E V M F P T N R S H R C
V R F K E K O N F E R A N S E
N T C D R S R F J K P P V R N
```

SKULDER
MAKSIMAL
STUDIER
INSERT
KONFERANSE
BLANDE
TOPPEN
GAVER
KLARE
MEDISIN

HJØRNE
FARGESTIFTER
HOLDE
MOT
SIRKEL
SKY
SENG
PLATE
SLIK
FLAKS

Puzzle 93

```
D G F H A L L I L E D N A H A
P L M T H O R E K K I S U P U
H S O E K K B K L Z C Y J O B
J O Q T P A D S L H I N D R E
P J F F S L E E A D D N A T Z
I N N I E E I M X S B H I Z J
E A P G P T N P D T F E L T P
E V T K Z J H E S S O K K P H
P H N L F C T L L J A R Q J I
G L E S E G H P U A G E G P T
E R D U S J P L W N N L Y E S
S H E S H O R E J S A L V A T
F H R N E M M A S E S O B K B
R D I S T R A H E R E B P K N
```

SJANSE   HINDRE
LOKALE   SAMMEN
DUSJ   LESE
DISTRAHERE   EKSEMPEL
LILLA   GIFTE
INNI   SEG
TORGET   LENESTOL
BOLLER   HANDEL
SHORE   FELT
GREN   SIKKER

Puzzle 94

```
S F P M Y P P V V H T P N B L
E V E K S N Ø F I S K E O T Y
Z O E L R A R E S T E R E N J
Y I T R L A Z J N K P I Q R R
E O K X D E T M D A G M A S P
E G I T K I S M O N N E J G L
J N I A A O P O T E I T Q G A
K I N K V X S B Ø K R E M U N
T T T I S G N P R K E R V D T
O K E L W L T I K Ø L L U M E
N E R E L L A D E J U E A V R
E F N D N L N I T K G G Z E K
L T E D M L L A B T E K S A B
M A K E X P F G N I R R U N K
```

MAKE   KJØKKEN
PERIMETER   ALLER
SVAK   NOE
PLANTER   RARESTE
DUGG   SVERD
BASKETBALL   GJENNOMSIKTIGE
DELIKAT   INTERNE
TØRKET   KNURRING
ØNSKE   FELLES
REGULERING   FEKTING

Puzzle 95

```
S F K I R S E B Æ R A T D B G
C I O N P S G R Z B K D W P U
I G N I N D Å N E B I B Q R C
X L E T E K O L F W V S B K W
F E M U E L I B U J B R U D D
I U T J Y L B P C T K N B Q M
N E G V Ø H K B A S S E N G M
S N R L N M H D S K Y L D I G
P O K Ø E F O E N P F F W R Z
I R C S T R L T Z Å I F T U U
R M N H L K Y S P Z H V B T C
E E H H U S P D J F S A K E N
R L L O S K N L N V Q N M R C
E K K Y T S M I Q U B H I V Y
```

JUBILEUM	ELG
HÅNDKLE	FLOKETE
RETUR	BRUDD
SULTEN	ILDSTED
BENÅDNING	NØYE
FUGLER	INSPIRERE
SAKEN	BASSENG
STYKKE	ENORM
SKYLDIG	SINTE
KIRSEBÆR	SØLV

Puzzle 96

```
Z  I  B  L  J  N  A  A  D  L  H  B  M  S  V
H  S  N  K  R  H  G  V  G  M  L  O  E  A  I
R  Å  T  S  R  O  F  X  G  J  W  R  N  L  T
V  D  U  I  T  R  N  X  A  J  E  T  T  T  E
Z  C  F  M  O  I  N  J  B  Z  O  E  A  T  N
E  N  G  E  L  I  T  U  V  L  R  R  L  E  S
S  N  F  D  T  A  C  U  D  K  E  G  T  F  K
Y  G  T  A  R  A  P  E  S  C  M  T  Q  O  A
U  W  G  K  T  V  N  P  W  J  M  D  J  C  P
P  A  R  A  P  L  Y  N  S  F  O  H  I  M  L
P  L  E  I  E  R  R  Z  L  T  K  N  R  J  P
S  C  O  O  T  E  R  D  S  E  K  A  R  D  N
D  Å  R  L  I  G  R  Y  B  V  G  C  V  W  V
K  L  U  B  B  B  E  S  E  I  N  N  E  P  X  N
```

INSTITUSJON	DRAKE
AKADEMISK	PARAPLY
BORTE	TILEGNE
TANNLEGE	KLUBB
KOMMER	SCOOTER
SEPARAT	SALT
ÅRLIG	FORSTÅR
AVGJORT	PENNIES
BAG	PLEIER
VITENSKAP	MENTAL

Puzzle 97

```
E R E B R O S B A G R X P V R
E E E R I S T E T G E L M A P
U V S A Z T N T B B S V Æ R T
J A A P K K K Ø   K J I L Y W
N T R L K S V T N L A L Y B B
T S U U Y M J S F Q A T A X I
Z N V H T N S O Y J R V Y G J
T R E N E R N H N R V W H L N
G J T H T E U T P Z A Z R E S
R A R T X N L E C X E D Z M T
G P E Y K N X O C Y Z N I M W
M P D S C I S E K S J O N O F
U T F O R M I N G E N U F R O
L T X W G X W H W F L R F T Z
```

RADIO
STAVER
ABSORBERE
MINNER
TAXI
RART
RASE
EXCEL
UTFORMINGEN
TROMMEL

TYKK
LIV
SVÆRT
LAV
SEKSJON
LUNSJ
RISTET
REAKSJON
STØTE
TRENER

Puzzle 98

```
H E T Y N V S L T A A O W P G
C F N R U K T E S F C P Å R G
F W A N Y D E L I G D P E O Q
N A Y B D J N W V X W N X F L
G I L E D N E L L E T Å W E D
T Q B S T R A N S P O R T S N
W D Y S K B S G C P D C W J Q
B Q Q I A E C F F U J P Q O A
M L Z D H E L P K R E J U N N
I R E D I E B R A G O P L E E
B S G D I T R O F R S E C L M
X G Z A R H R F T H W F W L O
G T I M P O N E R E T E V H N
X N H X F Q F Z Q O X I U N E
```

NYDELIG	HVETE
FALSK	ANEMONE
TELLE	IMPONERE
GRUPPE	TRANSPORT
ARBEIDER	OPPNÅ
FORDEL	HELP
ENDELIG	WRAP
GRÅ	NYTE
DISSE	PROFESJONELL
FORTID	BLYANT

Puzzle 99

```
B R M R Å D L S L F E O K B G
R Z I O K Y L L I N G P R E C
B R J U T E P P O T S P O S K
W I C M J S F N J U Å G K K A
H S G P Y P T M G H L A O J T
P Å V I R K E A B U T V D E T
L B P U R S T W N A Y E I D U
D I M B I B S P U D L H L E N
V O D K Q W E N Å M E L L N G
E C X E D M L Y R T K R E I E
V W U W L P F B R Y T E K S T
G N L T M S T J E N E G S N K
X T T G A L E D Ø Z R Q Æ E U
U T V I N N I N G R U Y V B W
```

BALL	BENSIN
VÆSKE	KROKODILLE
UTVINNING	LIDELSE
STOPPET	KATTUNGE
KYLLING	BRYTE
ØDELAGT	LÅS
MOTSTANDER	OPPGAVE
PÅVIRKE	BESKJEDEN
FLESTE	RÅD
TJENE	MÅNE

Puzzle 100

```
E P P I L S M R T A H H U Q S
L V U G M B I I L R G R S Z L
L T A H B P N K G B O D V W A
E I V K W E U E L E Z F P P N
R D S I U R T S S I V H M V G
U L L R I E T T V D L E E O E
T I P K F S R E X S K O U N K
L G Q S A I D E M K X P V F J
U E G B R F V R H R V O Q G J
K R O E G I O U Z A B J Ø R N
U E B S O L W L W F U A F O Q
Q P L T E A C M C T B X G C Q
G G I E G V Q V A L G E T M A
U S N U A K S T O P P E R C P
```

TIDLIGERE
HVIS
MINUTT
ARBEIDSKRAFT
STOPPER
GOBLIN
SLANGE
KOMFORT
MEDIA
SLIPPE

GEOGRAFI
BESTE
LOV
VALGET
EVAKUERE
KULTURELLE
KVALIFISERE
BJØRN
SKRIK
RIKESTE

Puzzle 1

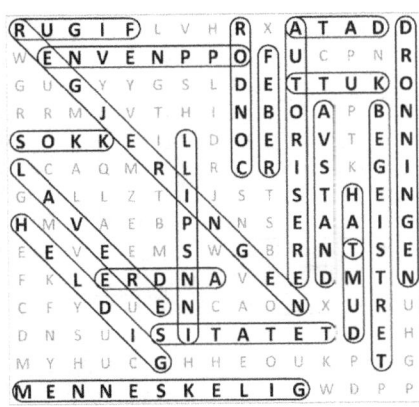

Puzzle 2

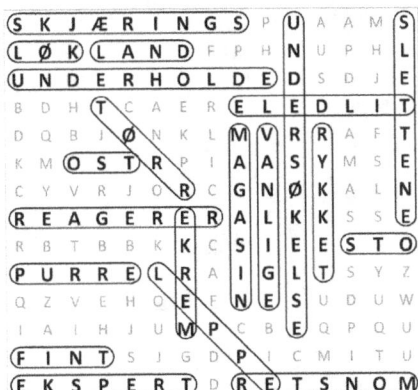

Puzzle 3

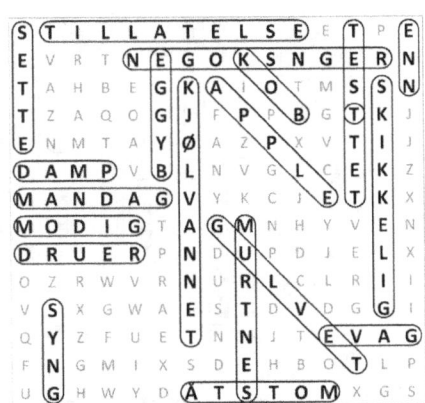

Puzzle 4

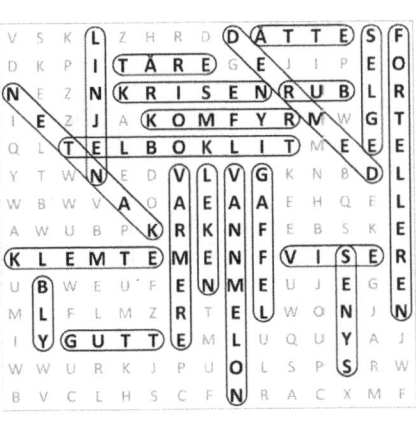

Puzzle 5

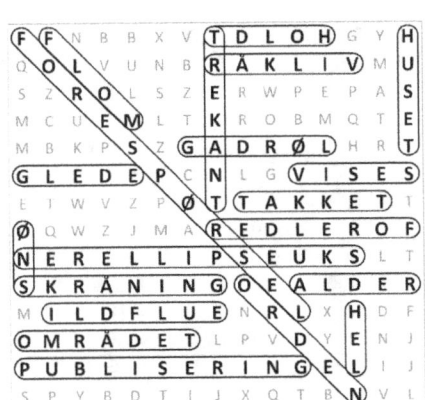

Puzzle 6

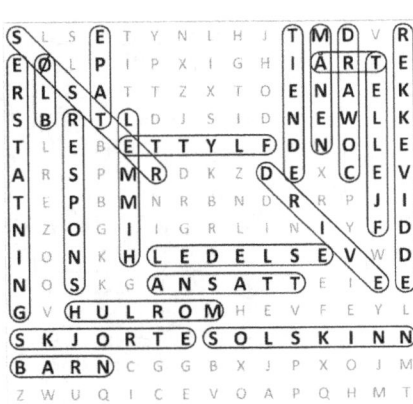

Puzzle 7

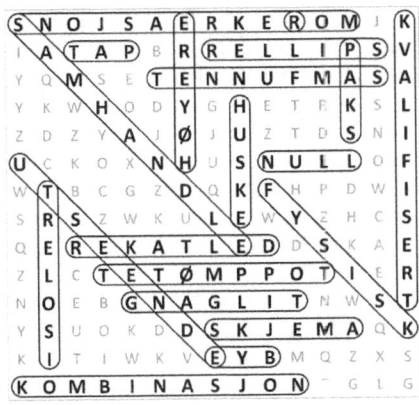

Puzzle 8

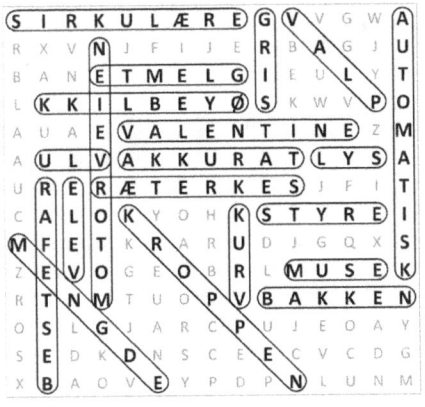

Puzzle 9

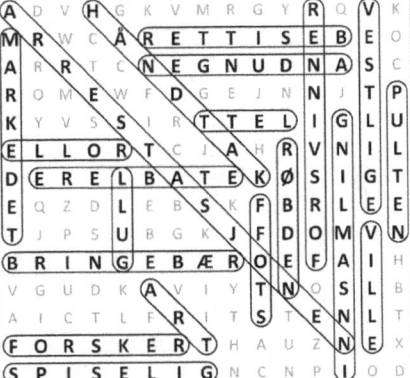

Puzzle 10

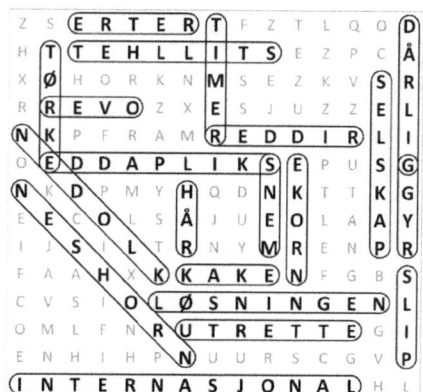

Puzzle 11

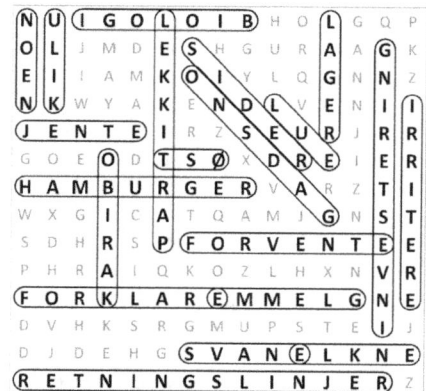

Puzzle 12

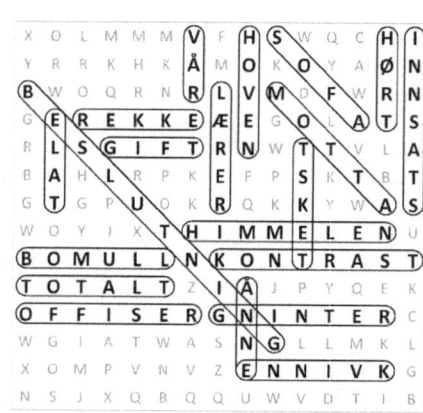

Puzzle 13

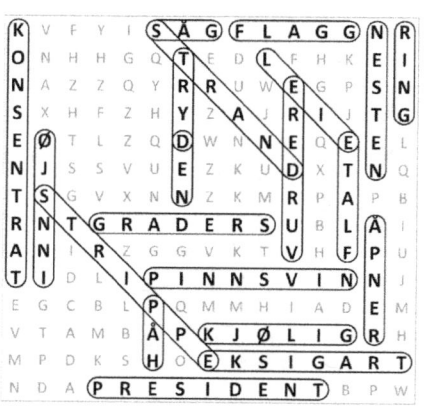

Puzzle 14

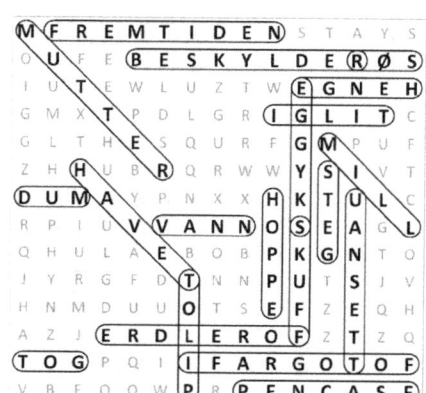

Puzzle 15

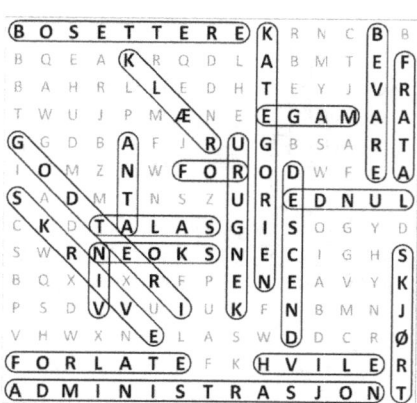

Puzzle 16

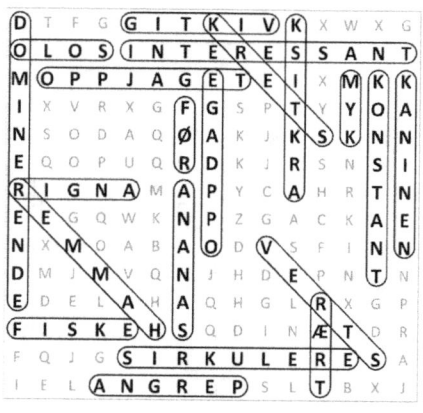

Puzzle 17

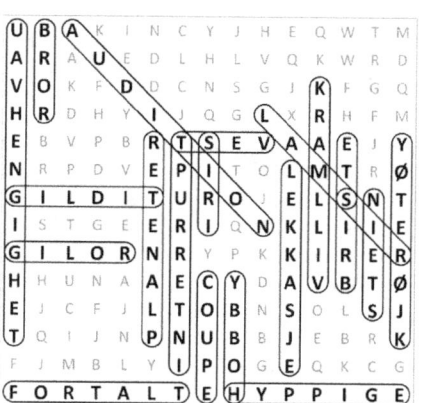

Puzzle 18

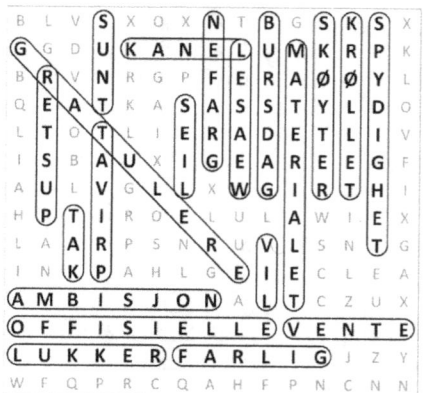

Puzzle 19

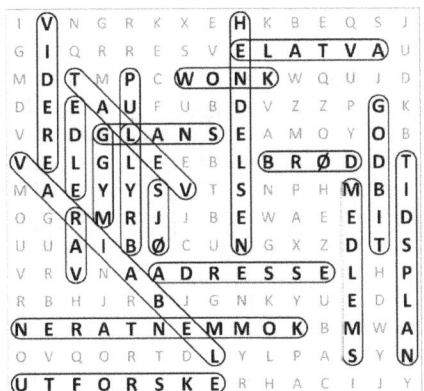

Puzzle 20

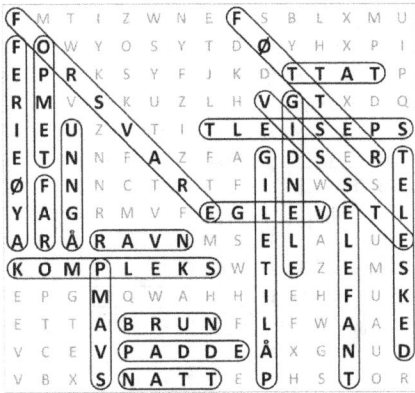

Puzzle 21

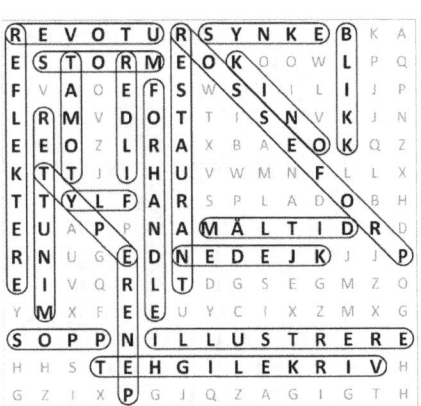

Puzzle 22

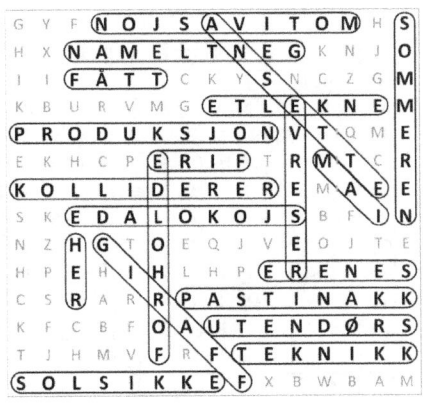

Puzzle 23

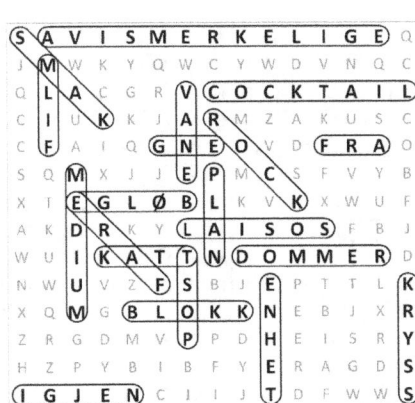

Puzzle 24

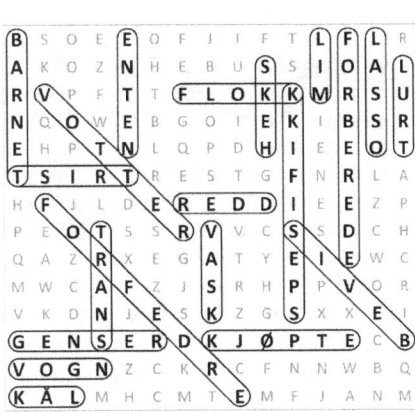

Puzzle 25

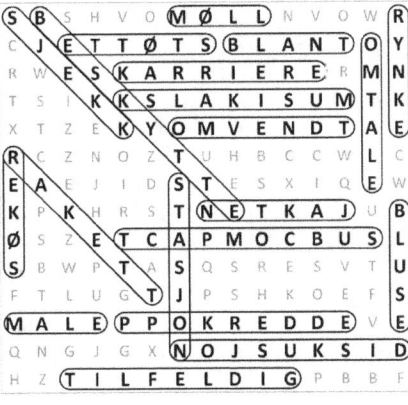

Puzzle 26

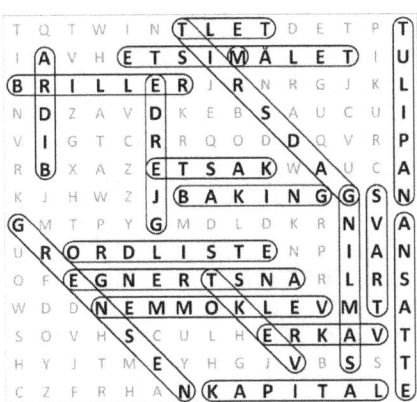

Puzzle 27

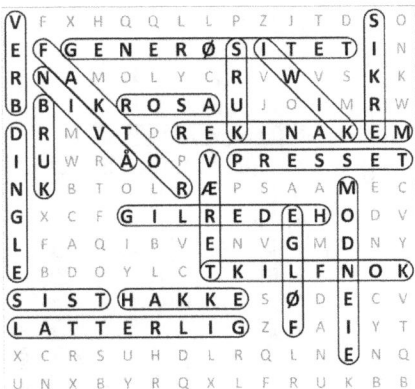

Puzzle 28

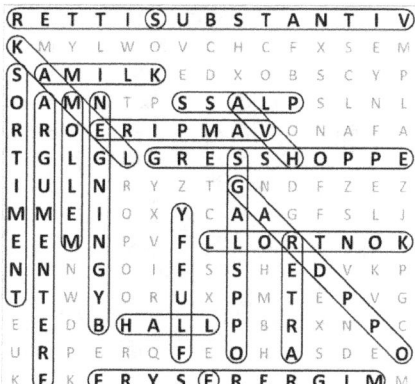

Puzzle 29

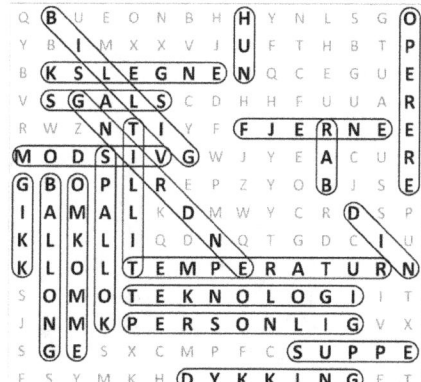

Puzzle 30

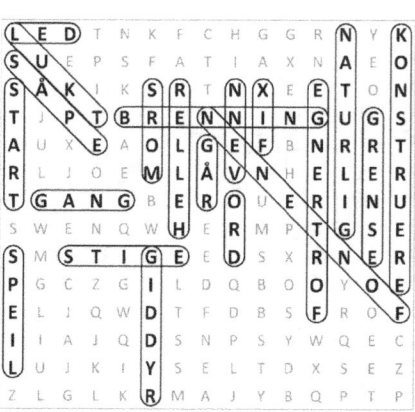

Puzzle 31

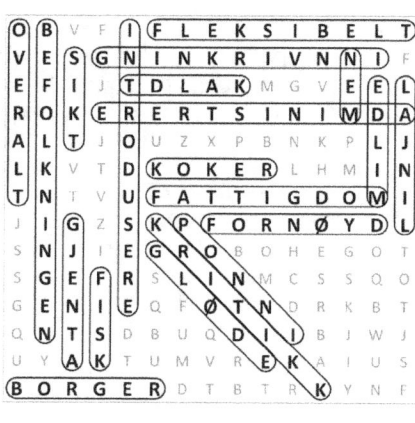

Puzzle 32

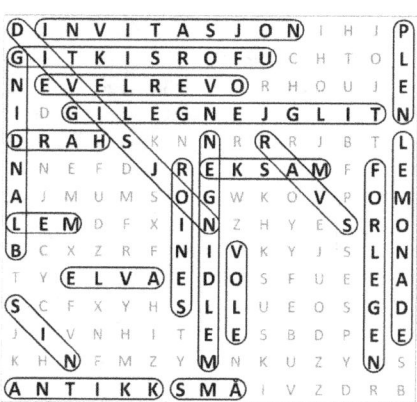

Puzzle 33

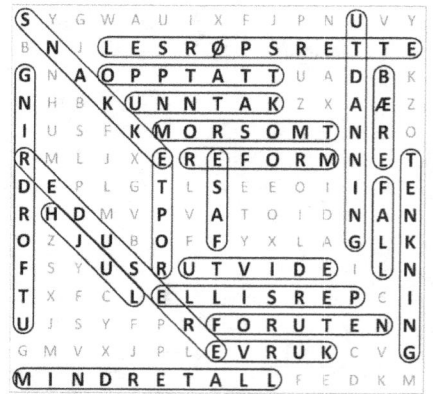

Puzzle 34

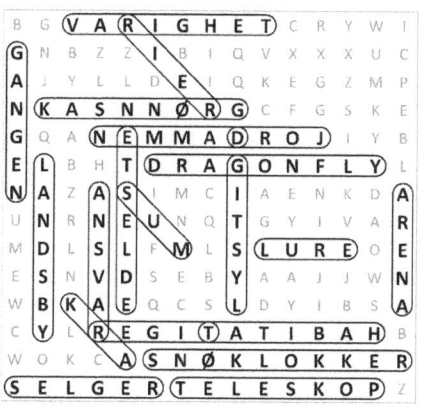

Puzzle 35

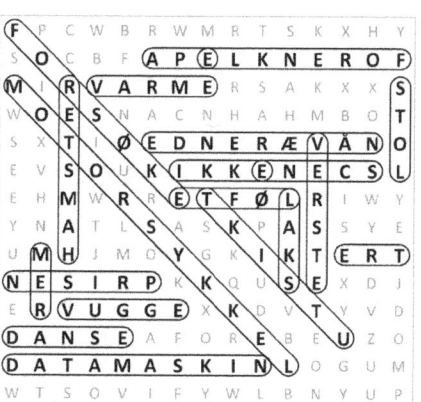

Puzzle 36

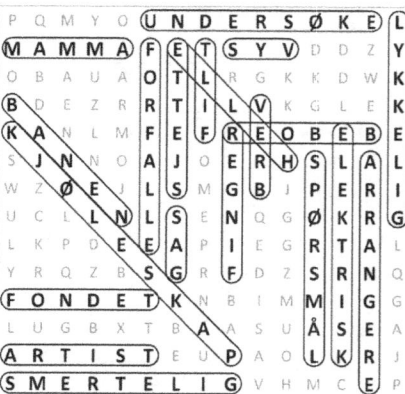

Puzzle 37

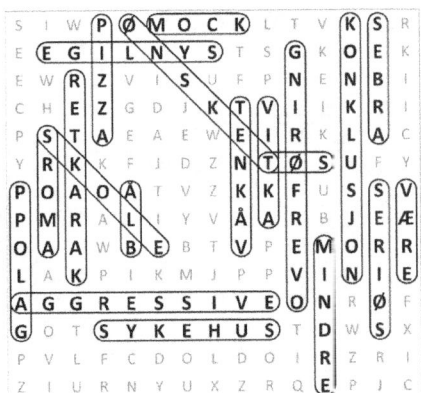

Puzzle 38

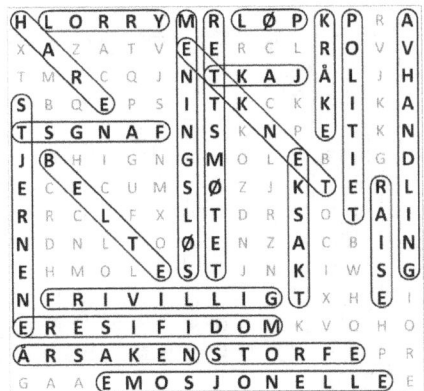

Puzzle 39

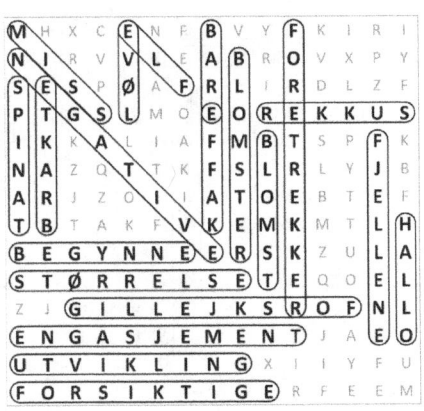

Puzzle 40

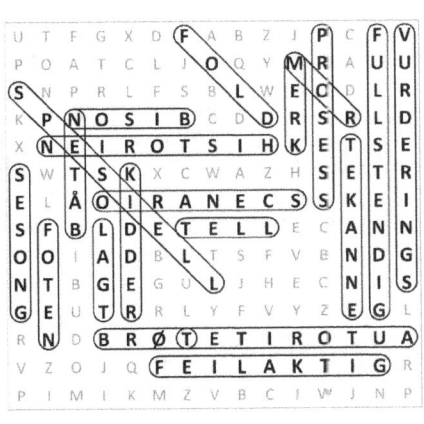

Puzzle 41

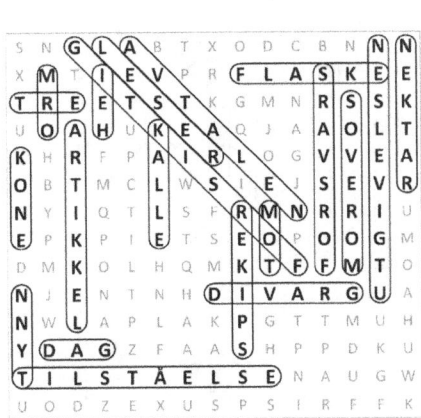

Puzzle 42

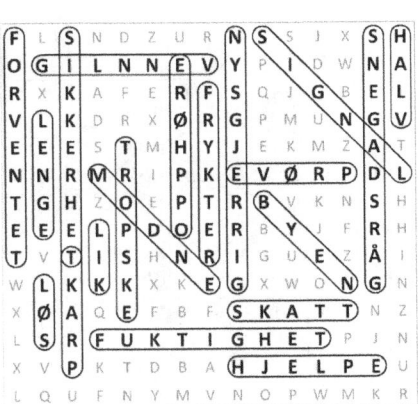

Puzzle 43

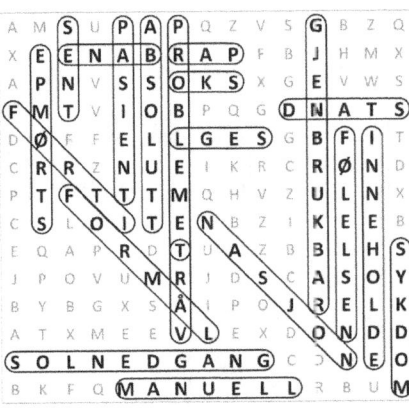

Puzzle 44

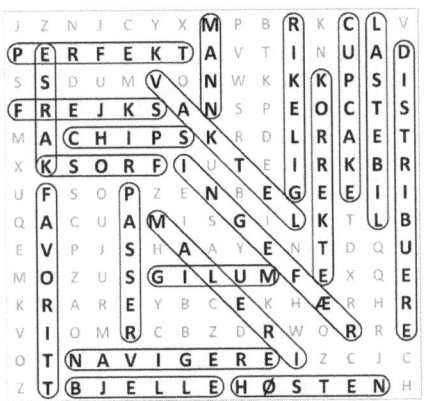

Puzzle 45

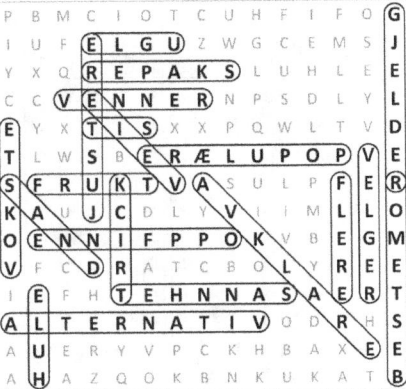

Puzzle 46

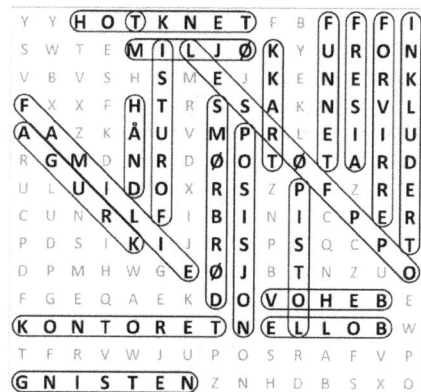

Puzzle 47

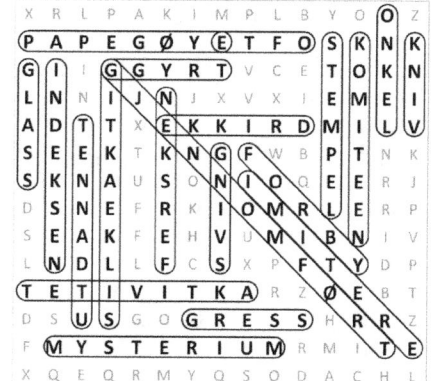

Puzzle 48

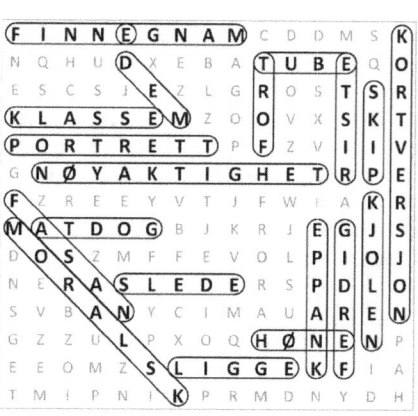

Puzzle 49

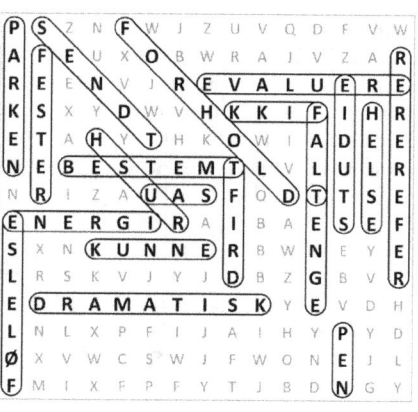

Puzzle 50

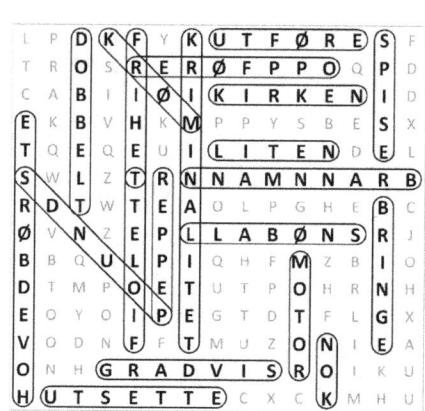

Puzzle 51

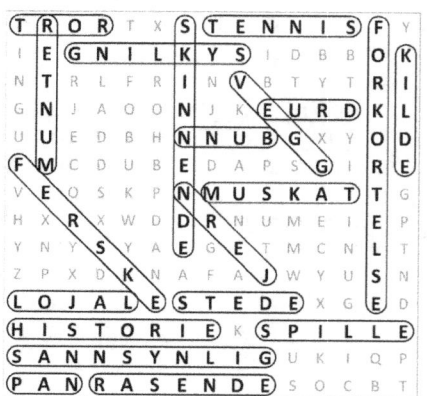

Puzzle 52

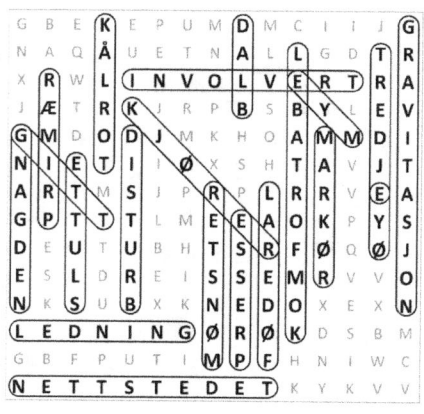

Puzzle 53

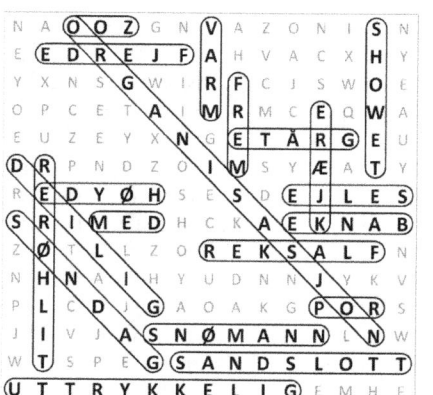

Puzzle 54

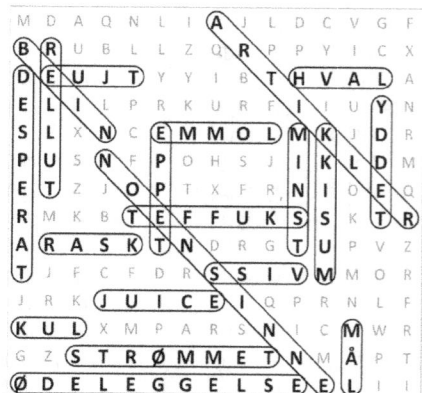

Puzzle 55

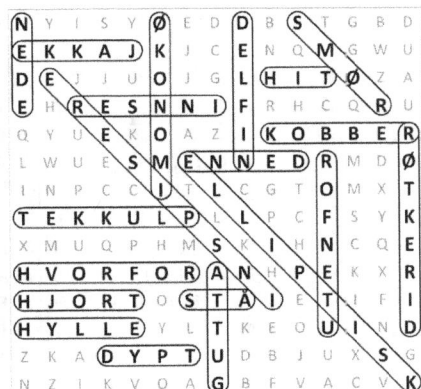

Puzzle 56

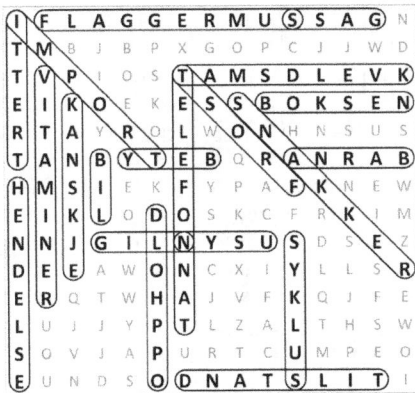

Puzzle 57

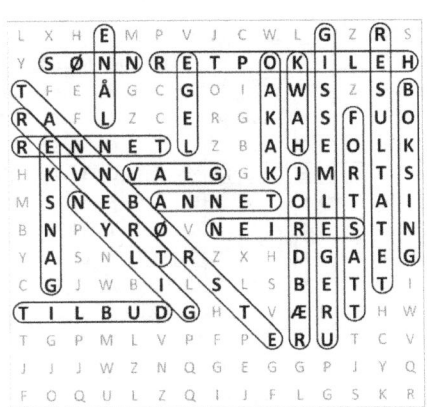

Puzzle 58

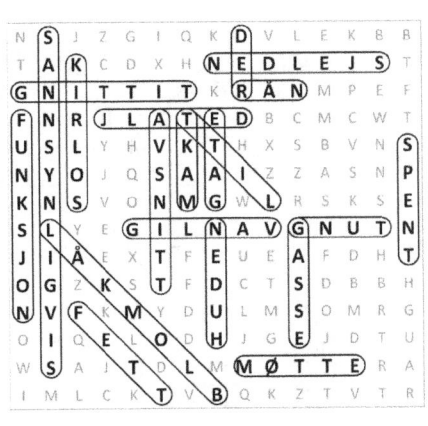

Puzzle 59

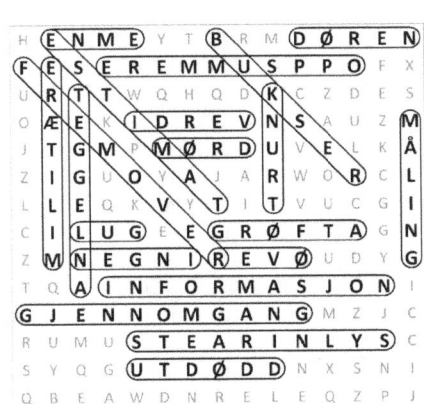

Puzzle 60

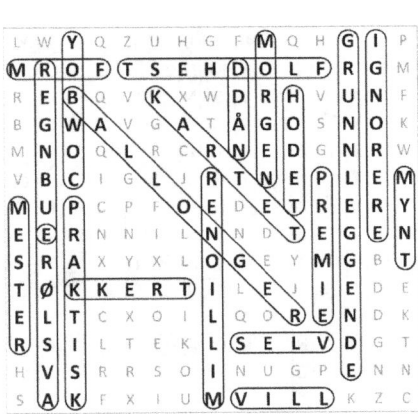

Puzzle 61

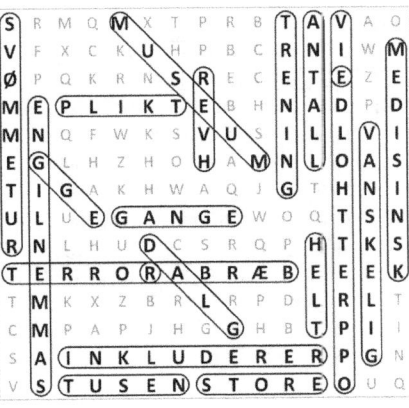

Puzzle 62

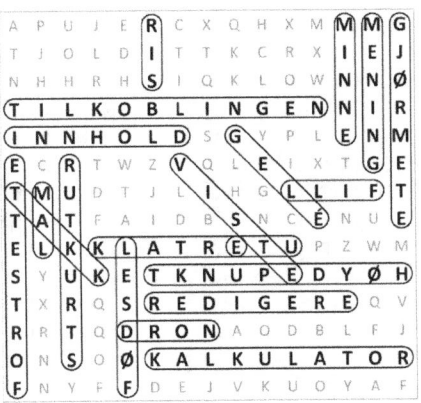

Puzzle 63

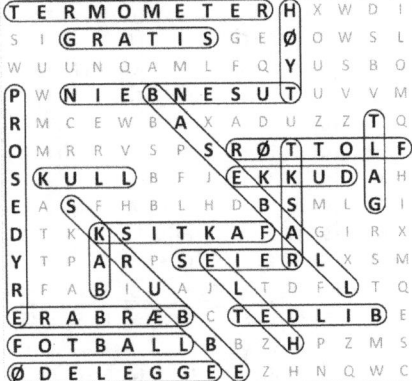

Puzzle 64

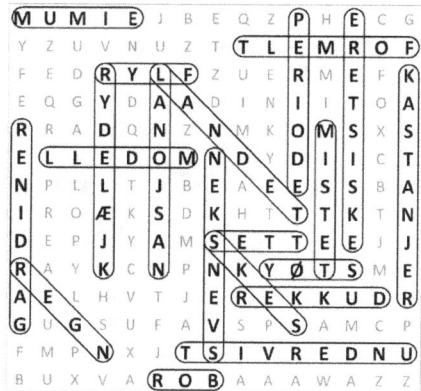

Puzzle 65

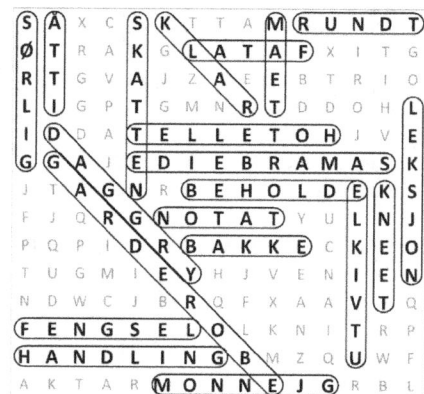

Puzzle 66

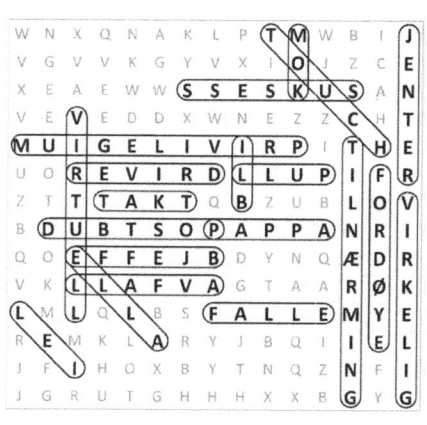

Puzzle 67

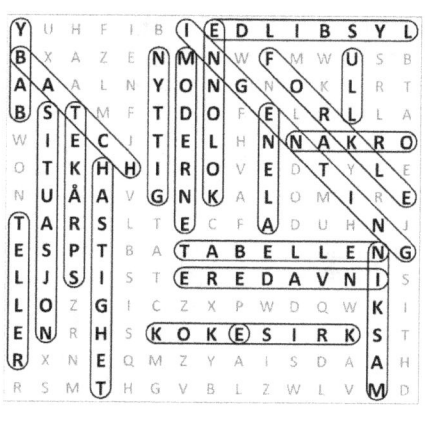

Puzzle 68

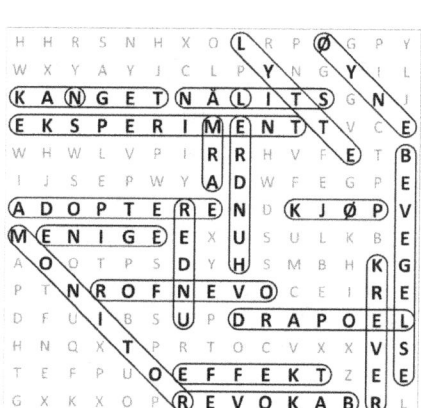

Puzzle 69

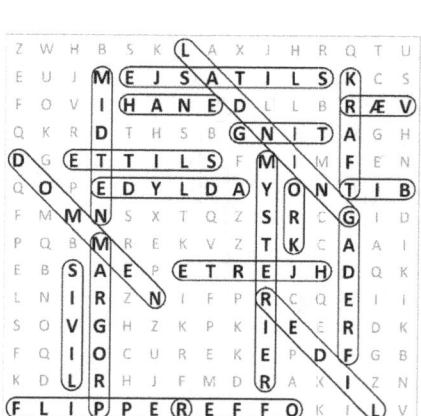

Puzzle 70

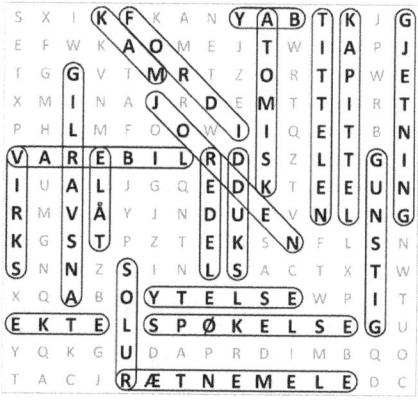

Puzzle 71

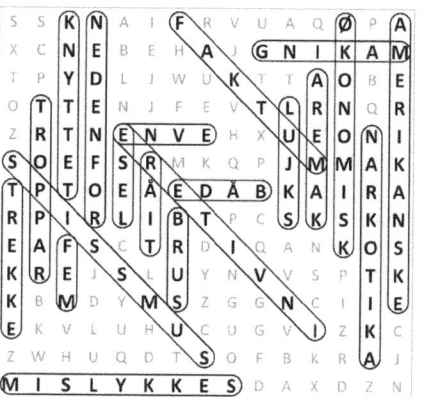

Puzzle 72

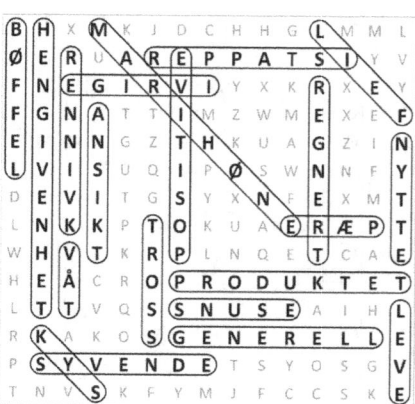

Puzzle 73

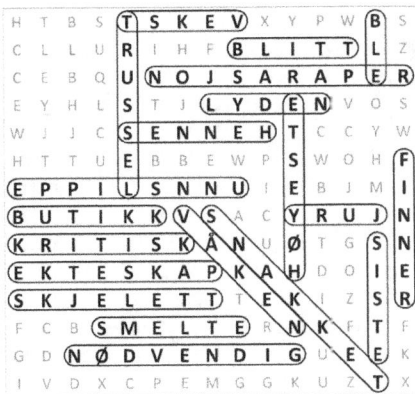

Puzzle 74

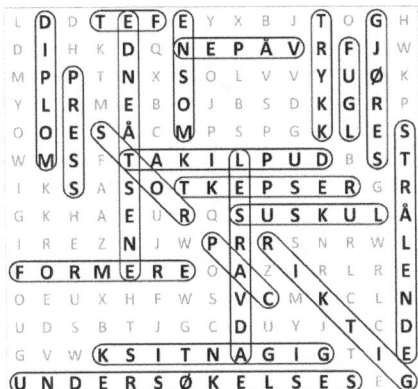

Puzzle 75

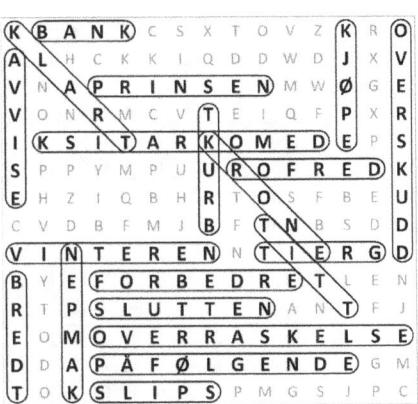

Puzzle 76

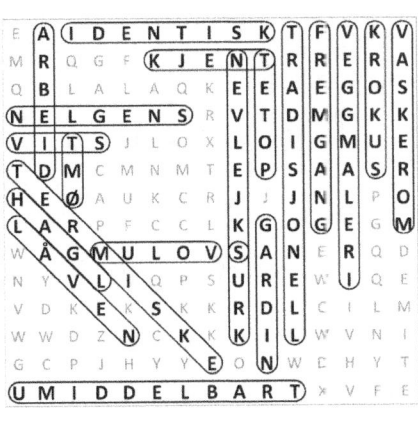

Puzzle 77

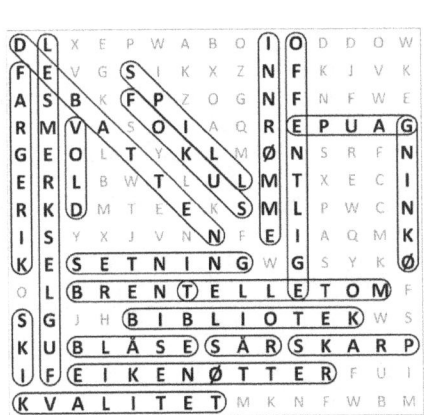

Puzzle 78

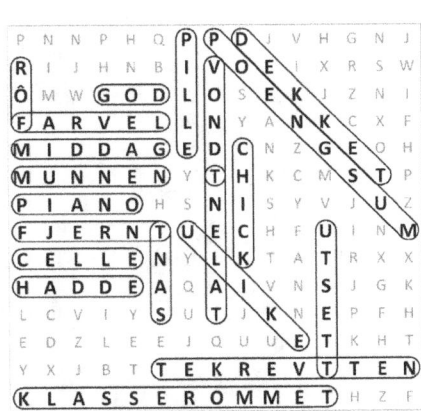

Puzzle 79

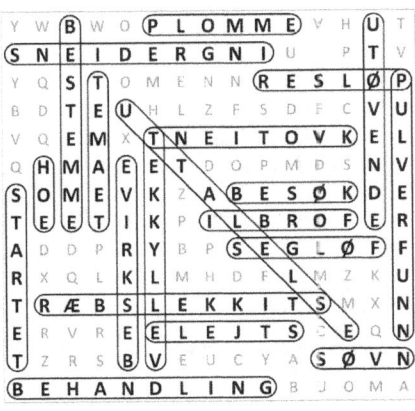

Puzzle 80

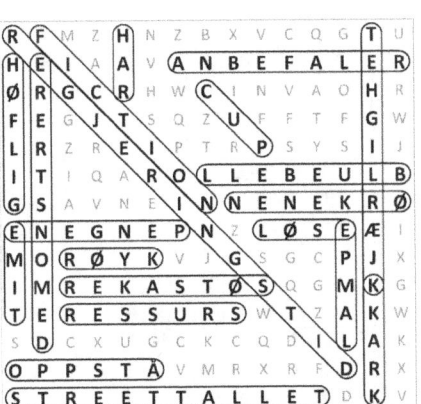

Puzzle 81

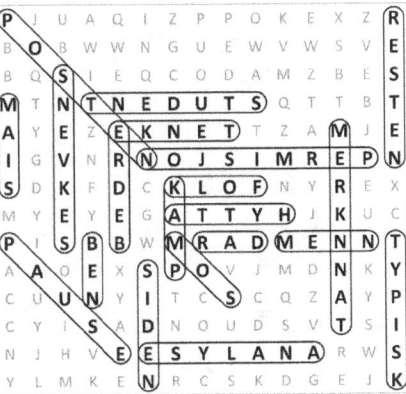

Puzzle 82

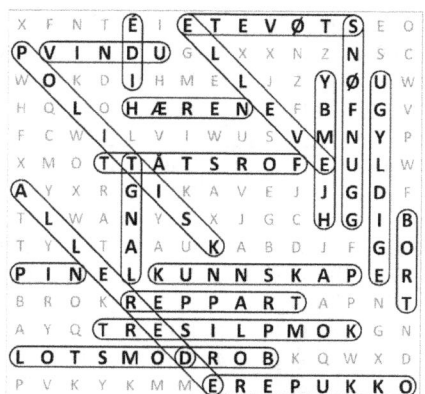

Puzzle 83

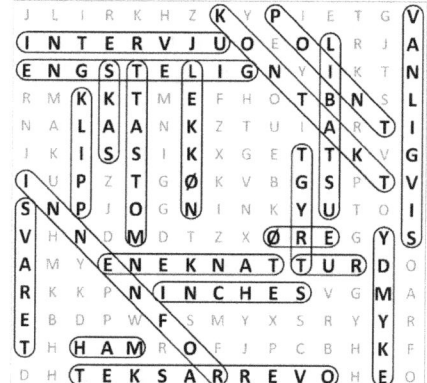

Puzzle 84

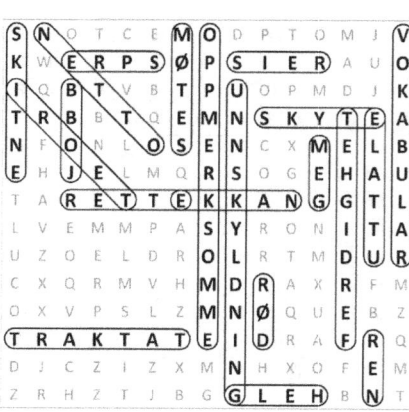

Puzzle 85

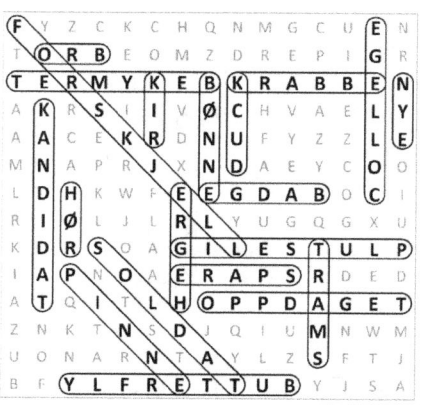

Puzzle 86

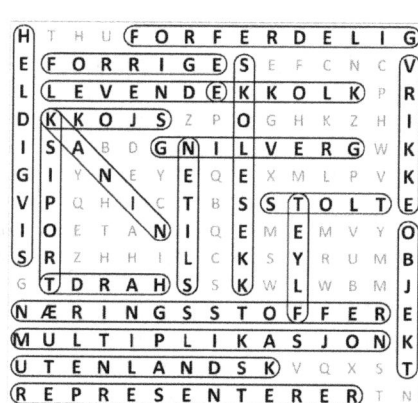

Puzzle 87

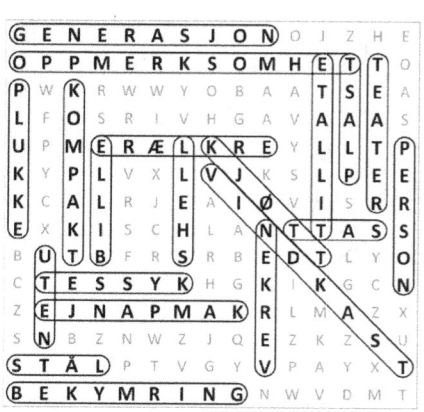

Puzzle 88

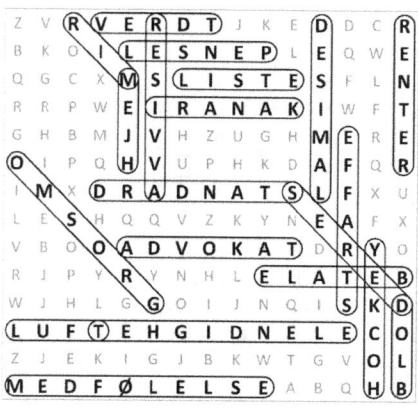

Puzzle 89

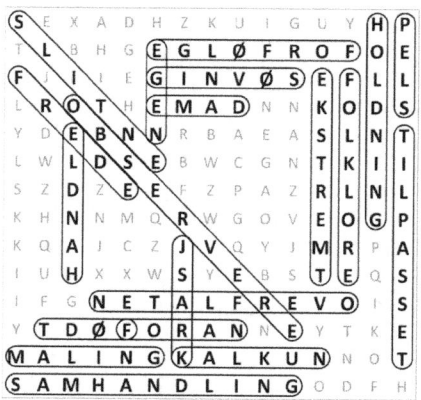

Puzzle 90

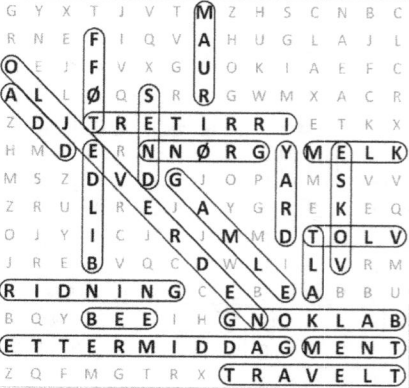

Puzzle 91

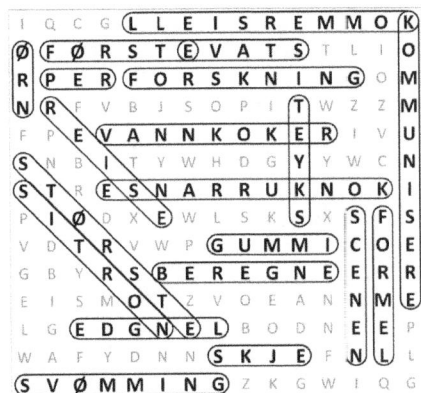

Puzzle 92

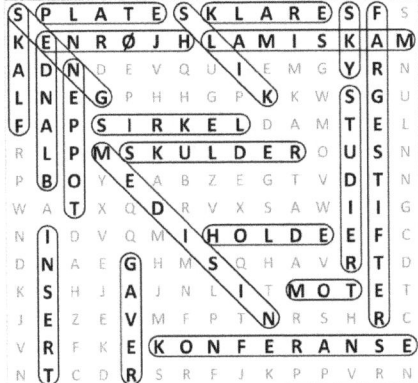

Puzzle 93

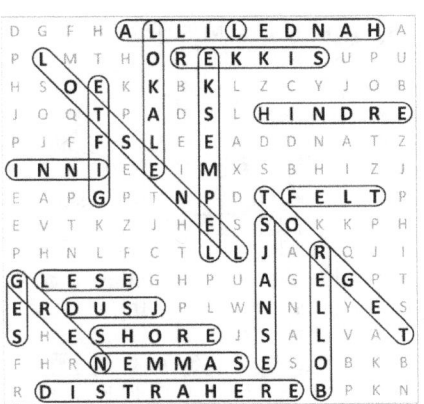

Puzzle 94

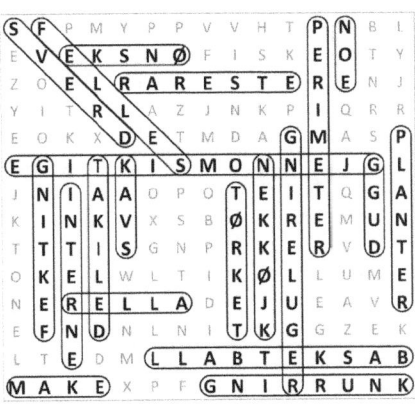

Puzzle 95

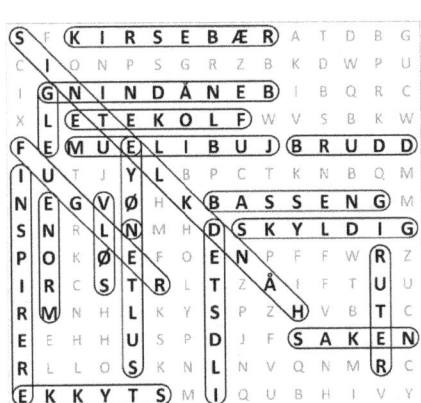

Puzzle 96

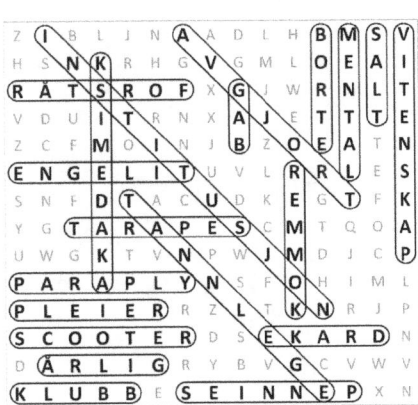

Puzzle 97

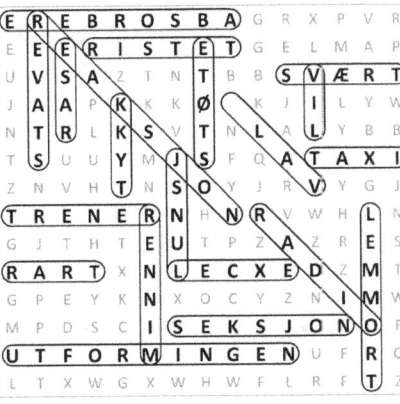

Puzzle 98

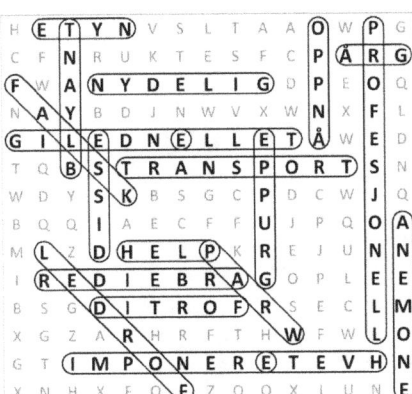

Puzzle 99

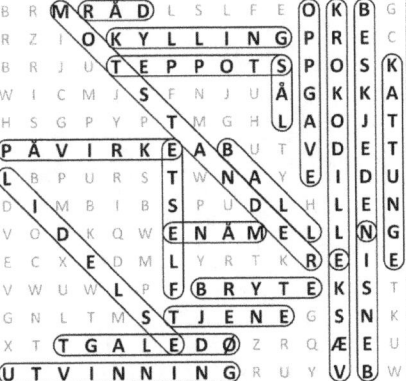

Puzzle 100

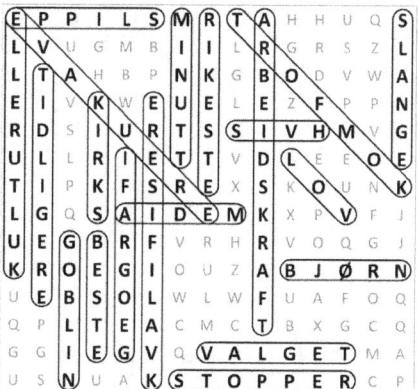

Congratulations

You made it!

We hope you enjoyed this book as much as we enjoyed making it. We do our best to make high quality games.

These puzzles are designed in a clever way to actively spark the brain and make it sharp and quick!
Did you love them?

A Simple Request

Our books exist thanks to the reviews you post on Amazon. Could you help us by leaving a review now?

Here is a short link which will take you to your Amazon orders review page.

BestBooksActivity.com/Review50

MONSTER CHALLENGE!

Challenge #1

Ready for Your Bonus Game? We use them all the time but they are not so easy to find. Here are **Synonyms**!

Note 5 words you discovered in each of the Puzzles noted below (#21, #36, #76) and try to find 2 synonyms for each word.

Note 5 Words from *Puzzle 21*

Words	Synonym 1	Synonym 2

Note 5 Words from *Puzzle 36*

Words	Synonym 1	Synonym 2

Note 5 Words from *Puzzle 76*

Words	Synonym 1	Synonym 2

Challenge #2

Now that you are warmed-up, note 5 words you discovered in each Puzzle noted below (#9, #17, #25) and try to find 2 antonyms for each word. How many lines can you do in 20 minutes?

Note 5 Words from **Puzzle 9**

Words	Antonym 1	Antonym 2

Note 5 Words from **Puzzle 17**

Words	Antonym 1	Antonym 2

Note 5 Words from **Puzzle 25**

Words	Antonym 1	Antonym 2

Challenge #3

Wonderful, this monster  challenge is nothing to you!

Ready for the last one? Choose your 10 favorite words discovered in any of the Puzzles and note them below.

1.	6.
2.	7.
3.	8.
4.	9.
5.	10.

Now, using these words and within a maximum of six sentences, your challenge is to compose a text about a person, animal or place that you love!

Tip: You can use the last blank page of this book as a draft!

Your Writing:

Explore a Unique Store
Set Up **FOR YOU!**

MEGA DEALS

BestActivityBooks.com/**TheStore**

Designed for **Entertainment**!

Light Up Your Brain With Unique **Gift Ideas**.

Access **Surprising** And **Essential Supplies!**

CHECK OUT OUR MONTHLY SELECTION NOW!

- Expertly Crafted Products -

NOTEBOOK:

SEE YOU SOON!

Delta Classics Team

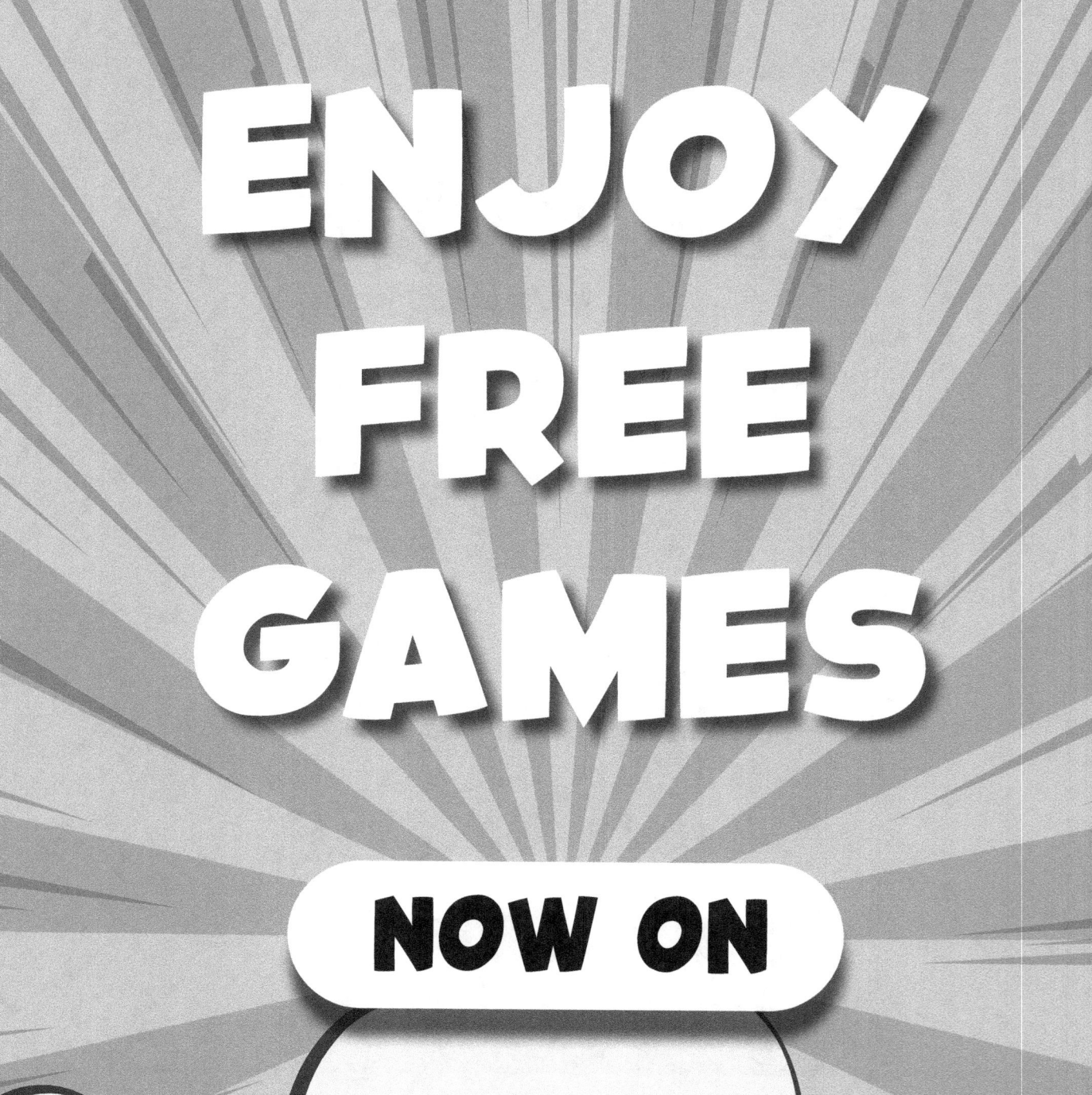

ENJOY FREE GAMES

NOW ON

↓

BESTACTIVITYBOOKS.COM/FREEGAMES